L'ŒUVRE DE

HAYAO MIYAZAKI

LE MAÎTRE DE L'ANIMATION JAPONAISE

L'œuvre de Hayao Miyazaki. Le maître de l'animation japonaise
de Gael Berton
est édité par Third Éditions
32 rue d'Alsace-Lorraine, 31000 Toulouse
contact@thirdeditions.com
www.thirdeditions.com

Nous suivre : @ThirdEditions – Facebook.com/ThirdEditions – Third Éditions – Third Éditions

Directeurs éditoriaux : Nicolas Courcier et Mehdi El Kanafi
Assistants d'édition : Damien Mecheri et Clovis Salvat
Textes : Gael Berton
Relecture : Zoé Sofer et Jean-Baptiste Guglielmi
Mise en pages : Delphine Ribeyre
Couverture classique : Sylvain Sarrailh
Couverture « First Print » : Atelier Sentô

Cet ouvrage à visée didactique est un hommage rendu par Third Éditions aux films de Hayao Miyazaki.

L'auteur se propose de retracer un pan des films de Hayao Miyazaki dans ce recueil unique, qui décrypte les inspirations, le contexte et le contenu de ces œuvres à travers des réflexions et des analyses originales.

Les visuels de couverture sont inspirés des films de Hayao Miyazaki.

ISBN 978-2-37784-067-0
Dépôt légal : juillet 2018
Imprimé dans l'Union européenne par Meilleures impressions.

Gael Berton

L'ŒUVRE DE

HAYAO MIYAZAKI

LE MAÎTRE DE L'ANIMATION JAPONAISE

03.rd THIRD éditions

SOMMAIRE

Avant-propos

Depuis qu'il m'a été permis de découvrir leurs longs-métrages, j'ai toujours été fasciné par l'univers des films d'animation du studio Ghibli, avant de comprendre que cette attirance concernait la vision artistique de l'un de ses réalisateurs en particulier.

Ma première rencontre avec les œuvres de Hayao Miyazaki remonte à 1996, lorsque la chaîne de télévision française Canal+ eut la riche idée de diffuser *Porco Rosso*, l'un de ses films de milieu de carrière. Le 28 décembre de cette année, alors que la plupart des enfants goûtaient au Disney annuel (en l'occurrence *Le Bossu de Notre-Dame*, après les déferlantes *Aladdin*, *Le Roi lion* et *La Belle et la Bête* des années précédentes), je m'initiais au prisme de l'animation japonaise hors *Club Dorothée*, à travers cette œuvre mélancolique qui me reste encore aujourd'hui éminemment chère, peut-être la plus marquante de toutes. Près d'un an et demi plus tard, le 30 mai 1998, je découvrais sur cette même chaîne *Mon voisin Totoro*, qui achevait d'aiguiser ma curiosité pour l'homme responsable de ces chefs-d'œuvre.

Porco et *Totoro* : deux chocs culturels qui ont non seulement encouragé mon amour pour le Japon, mais également suscité un intérêt pour Hayao Miyazaki si immense qu'il ne s'est plus jamais tari. Quelques années après avoir découvert le genre manga, c'est l'animation japonaise qui s'ouvrait à moi par le truchement de celui que je considère encore aujourd'hui comme son représentant le plus libre et le plus digne, aussi intransigeant voire exagérément sévère puisse-t-il se montrer par ailleurs.

En 2012, J'ai cultivé ma volonté de retracer cette aventure fantastique à travers les récits de création et les analyses de chacune des œuvres de Hayao Miyazaki sur le site *Kanpai!* que je créai au début des années 2000. Si le réalisateur a bonne presse un peu partout dans le monde et en particulier en France, notamment depuis la diffusion du *Voyage de Chihiro* sur de nombreux écrans de cinéma en Occident, le travail du maître est souvent réduit, d'abord à sa poignée de longs-métrages produits sous l'égide du studio Ghibli (un carcan dans lequel on aurait tort de l'enfermer), mais également, et peut-être surtout, à une superficialité qui trouve ses racines dans l'absence de décodage d'une vision à la fois shintoïste et sociétale particulièrement difficile à appréhender de l'extérieur du Japon.

J'ai donc cherché à (re)découvrir ses principaux travaux dans une perspective plus globale qui m'a permis, au-delà des plongées individuelles dans ces œuvres, de comprendre leurs éléments de langage, d'apprécier l'évolution du regard et du message, de m'arrêter sur les entourages du maître, et enfin de découvrir des clés de lecture transversales, bien plus approfondies encore que lors de la publication des articles initiaux sur *Kanpai!*.

Cela aura été pour moi une nouvelle plongée extraordinaire dans un univers que je pensais connaître, qui a su me surprendre à nouveau et, surtout, qui ne cessera jamais de m'émerveiller. En vous offrant ce point de vue détaillé et inédit sur les créations de Hayao Miyazaki, je souhaite pouvoir partager mon intérêt intarissable et permettre à toutes et tous de mieux comprendre à la fois leur substance et leurs ramifications.

L'AUTEUR

Amoureux du Japon depuis sa plus tendre enfance, Gael Berton y a effectué son premier voyage en 2003, au cours de ses études de japonais. Depuis, il y est retourné à de nombreuses reprises, explorant les villes et la campagne japonaise du nord au sud. Le site *Kanpai!*, qu'il a fondé en mars 2000, traite du voyage au Japon en particulier et de la culture japonaise au sens large. Il crée Keikaku en 2014, agence de voyages qui réunit une équipe de passionnés aussi bien au siège en France que dans sa filiale au Japon, pour améliorer l'offre de services vers cette destination.

L'ŒUVRE DE

HAYAO MIYAZAKI

LE MAÎTRE DE L'ANIMATION JAPONAISE

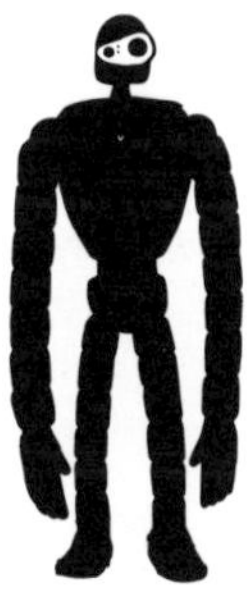

CHAPITRE PREMIER : HAYAO MIYAZAKI

Dans les textes abordant la vie de Miyazaki trouvés dans des publications non japonaises, on rencontre malheureusement beaucoup de zones d'ombre sur sa vie personnelle et son métier. De plus, outre la partie émergée de l'iceberg (ses onze longs-métrages d'animation), Hayao Miyazaki a travaillé sur de nombreuses œuvres tout au long de sa carrière (mangas, courts-métrages et autres) et ce bien avant la fondation du studio Ghibli. Cette partie va donc s'attacher à livrer une biographie plus précise et complète de l'artiste, avec une présentation de ses travaux, des plus iconiques aux plus méconnus. Cela offre également des clés de lecture éminemment importantes pour mieux comprendre ses œuvres.

Il reste malgré tout essentiel de noter que l'homme fait souvent preuve d'une pudeur et d'une retenue toutes japonaises qui rendent parfois délicats le recoupement d'informations et l'éclaircissement de ses états d'esprit lors de certaines périodes de sa vie. Miyazaki peut se montrer aussi disert et cassant sur certains sujets du débat public que discret voire secret sur nombre de ses choix à la fois personnels et professionnels.

ENFANCE ET ADOLESCENCE

Hayao Miyazaki[1], né le 5 janvier 1941 dans l'arrondissement de Bunkyo à Tokyo, en pleine Seconde Guerre mondiale, est le deuxième d'une fratrie de quatre garçons : arrivé après Arita, l'aîné, et avant Yutaka et Shiro, les benjamins. Sa mère, Dora, est femme au foyer,

1. En langue japonaise, on écrit son nom 宮崎駿. Ces *kanjis* (caractères japonais) signifient individuellement « palais/sanctuaire shinto » et « cap/pointe » pour le nom de famille. Le cas de son prénom est plus complexe : le sinogramme fait aujourd'hui partie d'une liste de quelques centaines de caractères appelés *jinmeiyō*, usités seulement pour les noms personnels et non courants. Il symbolise une « personne rapide » et peut également être lu « Shun ».

possédant un caractère fort et déterminé. Son père, Katsuji, est ingénieur aéronautique ; il est responsable dans l'entreprise de son oncle, baptisée Miyazaki Airplane, qui produit notamment des gouvernails pour les avions de chasse modèle A6M Zero de l'armée japonaise, utilisés pendant la Seconde Guerre mondiale. Cela nourrira son amour de la mécanique, pour les voitures et en particulier pour l'aviation. Miyazaki écrira sur son père, peu après sa mort, dans le journal *Asahi Shinbun* en 1995 : « Il demanda à ne pas aller au front, à l'époque c'était impensable. Mais il a pu rester au Japon, et je suis né, donc je suis reconnaissant de cela. [...] À l'usine, il faisait produire en masse par des travailleurs non qualifiés des pièces dont beaucoup étaient défectueuses, mais il nous disait que s'il soudoyait les bonnes personnes, les pièces étaient généralement acceptées. Il n'avait aucun sens de la culpabilité, ni d'avoir été impliqué dans l'industrie d'armes militaires, ni d'avoir fourni des pièces défectueuses. Pour lui, la guerre était quelque chose dans laquelle seuls les idiots s'engouffraient. Si le pays s'engageait dans la guerre, autant faire de l'argent dessus. Il n'avait aucun intérêt pour les causes justes ou le sort de son pays. Pour lui, la seule problématique était comment sa famille allait survivre. »

En 1944, pour fuir les bombardements sur Tokyo, la famille déménage à Utsunomiya dans la préfecture de Tochigi, à quelques dizaines de kilomètres au nord de la capitale, proche de Kanuma où se trouve la société où travaille son père. En 1947, sa mère est diagnostiquée du mal de Pott (une forme de tuberculose) qui la cloîtrera à l'hôpital pendant trois ans. Elle restera ensuite alitée au domicile familial jusqu'en 1955. La maladie de sa mère touchera évidemment le jeune garçon au point de voir la figure maternelle transfigurée dans nombre de ses œuvres au cours de sa carrière, à la fois comme une femme forte et atteinte d'un mal intérieur.

La famille Miyazaki revient à Tokyo à partir de 1950, où le jeune Hayao connaît une scolarité assez classique. Il se définira comme « maladroit et faible, sous la protection de [son] grand frère qui était le plus fort de l'école ». Sur son temps libre, il s'intéresse au manga, notamment aux œuvres d'Osamu Tezuka[2] dont il aime à imiter le dessin à partir du lycée, mais dont il supporte mal qu'on le lui fasse remarquer. Pendant de longues années, il parfait son tracé et sa mise en cases. Son père, amateur de cinéma, ainsi que d'autres membres de sa famille l'emmènent régulièrement voir des films. À l'automne 1958, pendant sa dernière année de lycée, Miyazaki découvre le premier long-métrage d'animation japonais en couleurs : *Le Serpent blanc* du studio Toei Animation. Réalisé par Taiji Yabushita et inspiré de la légende éponyme, un des contes chinois les plus populaires, il narre l'histoire des sentiments qui lient Xu-Xian, un jeune garçon, et Bai-Niang, un serpent blanc transformé en magnifique princesse, au cours d'aventures pleines d'esprits et de pouvoirs magiques. Le film le marque profondément, autant techniquement que dans les émotions transmises ; il le regarde de très nombreuses fois et tombe comme amoureux de la beauté de Bai-Niang. Miyazaki choisit alors de devenir animateur.

Malgré tout, après avoir obtenu son certificat au lycée de Toyotama, il termine ses études à la prestigieuse université Gakushuin dans l'arrondissement de Shinjuku, au département d'économie politique. Comme il n'y a pas de club d'étude du manga, il se rabat sur le proche club de recherche en littérature pour enfants et propose une thèse sur l'industrie japonaise. Pendant ces années, il se perfectionne comme mangaka et accumule des milliers de pages de mangas pas toujours achevés. Certains sont envoyés à des éditeurs qui les refusent systématiquement. Il sort de l'université en 1963 diplômé d'économie et de science politique, prêt à conquérir sa carrière d'animateur.

Des débuts d'animateur à l'émancipation du créateur

Miyazaki entre au studio Toei Animation en avril de la même année, en tant qu'animateur intervalliste. Ce poste de bas d'échelle,

2. Osamu Tezuka (1928-1989) est un mangaka, animateur et scénariste d'environ sept cents œuvres, auteur notamment de sagas cultes du manga japonais telles que *Le Roi Léo*, *Astroboy*, *Black Jack*, *La Vie de Bouddha* ou encore *Metropolis* ; on aime à le citer comme « le père du manga moderne » et nombreux sont les artistes (tant mangakas qu'animateurs), en incluant Miyazaki, qui le désignent comme une influence majeure.

peu passionnant mais très formateur, consiste à dessiner toutes les images d'animation entre deux étapes principales fournies, elles, par les « animateurs-clés ». À l'époque, son salaire est de 19 500 yens[3] (un montant plutôt correct, comparativement aux 13 000 yens que touchent les jeunes employés sans diplôme universitaire) et son loyer de 6 000 yens pour un 7,5 m^2 dans le quartier de Nerima à Tokyo. Il travaille sur divers films du studio tels que *Les Fidèles serviteurs canins* (1963), *Les Voyages de Gulliver dans l'espace* (1965), *Le Vaisseau fantôme volant* (1969), *Ali-Baba et les quarante voleurs* (1971) ou *Les Joyeux pirates de l'île au trésor* (1971), mais également sur des séries animées telles que *Ken l'enfant-loup* (1963), *Fujimaru, le ninja du vent* (1965), *Hustle Punch* (1965), *Robin, la brigade de l'arc-en-ciel* (1966), *Minifée* (1967-1968), *Caroline* (1969-1970) ou encore *L'Île au trésor des animaux* (1971). Plusieurs de ces œuvres ne franchiront jamais les frontières du Japon.

En 1964, Miyazaki est actif dans des mouvements de gauche jusqu'à être nommé secrétaire en chef du syndicat des travailleurs de la Toei. Il y rencontre trois autres animateurs qui changeront sa vie et sa carrière : Isao Takahata, vice-président du syndicat et futur réalisateur majeur du studio Ghibli, Yasuo Otsuka, chef-animateur de renom qui fut notamment intervalliste sur *Le Serpent blanc* et suivra Miyazaki sur de nombreux projets les vingt années suivantes, et enfin Akemi Ota, qui devient son épouse l'année suivante, en octobre. Le couple s'installe à Higashimurayama, petite ville dans le grand Tokyo, et donnera naissance à deux enfants : Goro en 1967 (année où il s'achète une Citroën 2 CV !) et Keisuke en 1969.

En 1965, le jeune animateur rejoint Takahata et Otsuka à la conception du film *Horus, prince du Soleil*. La production, qui devait durer huit mois, s'éternisera sur trois ans pour une sortie au cinéma en juillet 1968. Malgré un impact artistique fort, le film deviendra le plus gros échec commercial de Toei Animation, manquant de causer la faillite du studio. À la fin de la production d'*Horus*, la Toei confie à

3. Pour donner un ordre d'idée, en 1963, 19 000 yens étaient l'équivalent de 55 euros virtuels (puisque les euros n'existaient pas, bien entendu) avec le cours de l'époque, c'est-à-dire environ 520 euros avec le cours d'aujourd'hui.

Miyazaki et son épouse l'animation de la dernière longue séquence d'action du long-métrage *Le Chat Botté* (1969), véritable réussite technique qui assoit leur talent et les fait remarquer dans le milieu. Un peu plus tard, après la naissance de leur second fils, Akemi Ota quitte la Toei pour devenir femme au foyer et s'occuper des enfants, une décision tout à fait habituelle dans la société japonaise, mais prise contre son gré. Si elle permet à Miyazaki de se concentrer pleinement à sa carrière en confiant à son épouse la totale éducation de ses enfants, le réalisateur écrira une vingtaine d'années plus tard : « J'ai essayé d'être un bon père, mais en réalité je ne l'ai pas été. Ce que j'entends de mes enfants c'est "Père ne nous grondait pas avec des mots, mais en nous tournant le dos". » Au cours de leurs jeunes années, Goro et Keisuke restent toutefois le meilleur public et une grande source de motivation pour le travail de Miyazaki.

Entre 1969 et 1970, *Le Peuple du désert* sera le premier court manga/roman graphique publié par Miyazaki, sous le pseudonyme de Saburo Akitsu. En 1970, il participe à un épisode de *Moomin* pour Mushi Production, le studio d'animation d'Osamu Tezuka et concurrent direct de Toei Animation. Il déménage avec sa petite famille à Oizumigakuen, à quelques kilomètres à peine, en avril 1969 et pour quelques mois seulement, car l'année suivante il s'installera définitivement à Tokorozawa.

En 1971, Miyazaki quitte la Toei et rejoint son confrère Isao Takahata auprès d'un autre concurrent : le studio A-Pro Telecom. Il commence à travailler sur une version animée de *Fifi Brindacier* et se rend en Suède avec Yutaka Fujiota pour obtenir les droits d'adaptation, auprès de l'auteure Astrid Lindgren, qui leur sont refusés. Il s'agit de son premier voyage hors du Japon. Les story-boards de *Fifi Brindacier* seront réutilisés pour les deux moyens-métrages de *Panda Petit Panda* (1972-1973), dont Miyazaki sera responsable du design et du scénario, Otsuka chef-animateur et Takahata au poste de réalisateur. Ils coréalisent également quatorze épisodes de la première adaptation de la série à succès *Lupin III* (1971-1972). Au début de l'été 1973, les trois ex-Toei rejoignent Zuiyo Eizo, prélude du futur studio Nippon Animation. Takahata y réalise des séries animées dont Miyazaki gère la conception scénique : *Heidi fille des Alpes* (1974), pour lequel il aura fait du repérage en Suisse quelques mois plus tôt, et *Marco* (1976). Pour leur préparation, il voyage en Suisse, en Italie et en Argentine. Il participe également à différents projets : *Suzunosuke au plastron rouge* (1972), *La Grenouille courageuse* (1973), *Willie Boy* (1973), *Les Samouraïs géants* (1974), *Le Chien des Flandres* (1975) ou encore *Le Raton laveur rebelle* (1977). Son style s'affine, à la fois dans le design des personnages et des visages caractéristiques, mais également à travers des séquences d'animation au rythme effréné et aux mouvements ultra-calibrés.

En 1978, Hayao Miyazaki réalise enfin sa propre série animée, encore accompagné de Yasuo Otsuka : *Conan, le fils du futur* représente une forme de prototype de son œuvre tant dans sa création que ses composantes scénaristiques. Au détour d'une interview, il croise la route de Toshio Suzuki cette même année, alors rédacteur dans le magazine *Animage*, qui deviendra le futur producteur vedette du studio Ghibli. En 1979, Miyazaki travaille sur *Anne aux pignons verts* mais quitte Nippon Animation en cours de production, au bout du quinzième épisode, pour rejoindre le studio Tokyo Movie Shinsha (futur TMS), toujours accompagné d'Otsuka. Il y réalise son premier film d'animation : *Le Château de Cagliostro*, tiré de la série *Lupin III* (connue sous le titre *Edgar de la cambriole* en France). Il travaille ensuite pour une filiale, Telecom Animation Film, sur la deuxième série *Lupin* dont il réalisera plusieurs épisodes (1979-1980). En 1981 et l'année suivante, il scénarise et réalise les six premiers épisodes de *Sherlock Holmes*, pour lesquels il voyage aux États-Unis et en Italie, série qui sera poursuivie par Kyosuke Mikuriya et diffusée en 1984-1985.

La relation entre Hayao Miyazaki et Toshio Suzuki devient de plus en plus solide, et ce dernier lui permet de prépublier le manga *Nausicaä de la vallée du vent* dans le magazine *Animage* à partir de février 1982, qui connaît un grand succès dès le départ. Il y publie également son roman graphique *Le Voyage de Shuna* en 1983. Cette année-là, Miyazaki obtient de transposer l'histoire de *Nausicaä* en long-métrage d'animation avec le studio Topcraft, produit par Tokuma Shoten, Hakuhodo et Isao Takahata. Le studio embauche de nombreux animateurs, dont Hideaki Anno (futur auteur notamment de la saga culte *Evangelion*) qui deviendra un proche et que l'on retrouvera trente ans plus tard à la voix de Jiro, protagoniste du *Vent se lève*. Au cours de la production de *Nausicaä de la vallée du vent*, pendant l'été 1983, la mère de Miyazaki décède, créant une forme de tournant dans sa carrière ; aux thématiques enjouées et légères qu'il a l'habitude de traiter, Miyazaki ajoutera désormais des recherches plus profondes sur le sens de l'humanité et ses actions, imaginant des personnages souvent plus graves et toujours nettement plus tempérés. Le film sort dans les salles japonaises en mars 1984 et marque sa première collaboration avec le compositeur Joe Hisaishi. Avec près d'un million d'entrées, les recettes permettent à Miyazaki et Takahata la création du studio Ghibli en juin 1985, filiale de Tokuma Shoten, débauchant par là même beaucoup des animateurs de Topcraft et s'allouant une plus grande indépendance éditoriale.

Ce qui frappe à travers ces quelques dernières années évoquées, c'est le succès immédiat des projets sur lesquels Hayao Miyazaki a travaillé comme instigateur ou comme meneur (auteur, dessinateur de manga ou encore réalisateur de films d'animation). Ce succès, à la fois public et critique, montre sans aucun doute possible le talent exceptionnel de l'artiste pour imaginer et mettre en scène ses histoires, aussi bien sur papier que dans le mouvement.

La carrière au studio Ghibli

Au sein du studio Ghibli, Hayao Miyazaki est donc beaucoup plus libre de ses projets et de ses choix, se permettant de se consacrer aux longs-métrages d'animation originaux. Le premier à paraître est *Le Château dans le ciel* en août 1986, qui attire près de huit cent mille spectateurs, pour lequel il aura effectué des repérages en Angleterre et au Pays de Galles. Miyazaki produit l'année suivante, via sa société Nibariki[4] basée dans l'arrondissement de Suginami à Tokyo, le documentaire *Yanagawa Horiwari Monogatari* réalisé par son confrère Isao Takahata. Le film en prises de vues réelles avec quelques courtes séquences animées, qui dure près de trois heures, s'attarde sur l'histoire du canal de la ville de Tokyo située sur l'île méridionale de Kyushu.

4. Littéralement « deux chevaux », en clin d'œil à sa voiture !

L'ŒUVRE DE HAYAO MIYAZAKI

En avril 1988, *Mon voisin Totoro* sort au cinéma en séance commune avec *Le Tombeau des lucioles* de Takahata. Bien que refusé au départ par les producteurs, le succès (huit cent mille spectateurs), et surtout l'impact de *Totoro* auprès du public, dépassera toutes les attentes. Il deviendra progressivement la mascotte du studio et l'une des portes d'entrée les plus évidentes vers l'œuvre de Miyazaki.

L'été suivant sort *Kiki la petite sorcière*, qui réalise la meilleure performance cinéma de l'année, avec plus de deux millions et demi d'entrées. Toshio Suzuki, qui conseillait déjà l'équipe dans l'ombre depuis des années, rejoint à partir de là ses deux camarades en devenant officiellement producteur au sein du studio. En 1990, Miyazaki produit *Souvenirs goutte à goutte*, réalisé par Isao Takahata, qui sort en juillet 1991. Cette même année, il décide de dessiner les plans de construction des nouveaux bâtiments que le studio Ghibli va se faire ériger à Koganei, en périphérie de Tokyo. *Porco Rosso* arrive ensuite en juillet 1992, dépassant les trois millions de tickets vendus et réalise, lui aussi, la meilleure performance cinéma de l'année au Japon, devant *Hook* (la suite de *Peter Pan* avec Robin Williams, réalisée par Steven Spielberg) et le film d'animation *La Belle et la Bête* de Disney. Cette performance sort le studio Ghibli du « pari » financier de chaque nouveau film et offre encore plus de liberté à ses réalisateurs.

Le père de Miyazaki décède l'année suivante ; l'homme ne s'exprimera pas sur ce sujet. Le réalisateur participe alors à la production de *Pompoko* pour Isao Takahata, qui sort à l'été 1994, ainsi qu'à celle de *Si tu tends l'oreille* de Yoshifumi Kondo, pour lequel il écrit le script et dessine les story-boards. En mars 1994, Miyazaki achève le manga *Nausicaä de la vallée du vent* au terme de cinquante-neuf chapitres étalés sur douze ans. Il démarre alors la production de *La Légende d'Ashitaka*, qui deviendra le bien connu *Princesse Mononoké*. Pour cela, il se retire plusieurs semaines sur la petite île de Yakushima, au large de Kagoshima tout au sud du Japon, où il fait mûrir l'environnement naturel du film. Il travaille également sur le scénario du clip musical *On Your Mark* (1995) de Chage & Aska, un duo de rock japonais, dont la réalisation est confiée à de jeunes animateurs du studio Ghibli.

En juillet 1997, au terme de trois longues années d'efforts, sort finalement sur les écrans *Princesse Mononoké* qui rencontre un succès immense, avec plus de quatorze millions de spectateurs. Il devient le film le plus vu au Japon jusqu'alors, obtient de nombreuses récompenses et propulse son réalisateur sur la scène internationale. C'est son premier film dont la conception utilise l'animation assistée par ordinateur. Toutefois, fatigué par une production longue et parfois douloureuse, se sentant moins vif sur le plan physique (il a alors cinquante-six ans), Hayao Miyazaki quitte Ghibli six mois plus tard pour fonder Butaya (qui signifie littéralement « la maison des cochons »), un studio plus intime mais situé géographiquement à quelques dizaines de mètres seulement. Le décès soudain de Yoshifumi Kondo, qui devait lui succéder, conduit Miyazaki à réintégrer, contre sa volonté initiale, le studio Ghibli en janvier 1999.

Le Voyage de Chihiro débarque en salles au cours de l'été 2001, tel un ouragan. Il totalise près de vingt-cinq millions d'entrées, soit le plus grand nombre de spectateurs de cinéma dans l'histoire du Japon, record qu'il détient encore à l'heure où ces lignes sont écrites. Son succès critique et public retentit dans le monde entier, en témoignent les nombreuses récompenses reçues, parmi lesquelles l'Ours d'or du meilleur film à Berlin en 2002 ou encore l'Oscar du meilleur film d'animation en 2003 (le seul film japonais et le seul dessiné à la main à avoir obtenu cette récompense[5]). Également en 2001, le 1er octobre, est inauguré le musée Ghibli à Mitaka près de Tokyo, pour lequel Miyazaki réalisera plusieurs courts-métrages d'animation inédits, encore diffusés aujourd'hui dans sa petite salle de cinéma accessible aux visiteurs.

Il est invité en mars 2002 à participer aux Academy Awards à Hollywood (les Oscars), mais refuse, en signe de protestation contre l'invasion américaine en Irak. Il se rendra malgré tout aux États-Unis en septembre pour la promotion du *Voyage de Chihiro* et visitera les

5. Notons que la catégorie de « l'Oscar du meilleur film d'animation » n'est apparue qu'en 2002. Auparavant, les films d'animation ne pouvaient concourir que dans les mêmes catégories que les films en prises de vues réelles, et seul *La Belle et la Bête* des studios Disney fut nommé dans la catégorie « Meilleur film » en 1992, sans obtenir la récompense. *Blanche-Neige et les Sept Nains* (1939) des studios Disney, *Qui veut la peau de Roger Rabbit* (1988) de Robert Zemeckis, et *Toy Story* (1996) des studios Pixar obtinrent quant à eux l'Oscar pour une contribution spéciale, alloué aux films qui ont fait avancer les techniques du cinéma. Signalons aussi deux cas exceptionnels par la suite, *Là-Haut* (2009) et *Toy Story 3* (2010), tous les deux des studios Pixar, qui ont remporté l'Oscar du meilleur film d'animation tout en ayant été nommés en parallèle dans la catégorie « Meilleur film ».

studios Pixar à San Francisco, où il fera la rencontre du réalisateur et producteur John Lasseter (*Toy Story*, *Cars*). En 2003, Miyazaki produit pour Hiroyuki Morita *Le Royaume des chats*, suite indirecte de *Si tu tends l'oreille*. Son prochain film en tant que réalisateur, *Le Château ambulant*, arrive en salles en novembre 2004 et réunit quinze millions de spectateurs. Malgré un nouveau score impressionnant au box-office, de nombreuses critiques se font entendre, visant la complexité et le manque de cohérence de l'histoire, liés en coulisses à un début de production compliqué qui verra notamment le départ de Mamoru Hosoda du studio Ghibli, et une récupération difficile de Miyazaki.

L'année suivante, le maître est décoré d'un Lion d'or à la Mostra de Venise pour l'ensemble de sa carrière, et cité dans le magazine *Time* comme l'une des cent personnalités les plus influentes de la planète. Il loue ensuite une maison pendant deux mois en haut d'une colline du village de Tomonoura, dans la mer intérieure de Seto au large de l'île de Shikoku. La production de *Ponyo sur la falaise*, directement inspirée de ces paysages côtiers, débute en octobre 2006. Le film sort en juillet 2008 et réalise près de treize millions d'entrées. Miyazaki revient à des concepts plus enfantins et oniriques, au croisement de *Mon voisin Totoro* et de *Panda Petit Panda*.

Début 2009, son court manga *Kaze Tachinu* (*Le Vent se lève*) est publié dans le magazine *Model Graphix* et servira de base à la construction du film éponyme. En 2010 et 2011, il participe respectivement aux scénarios d'*Arrietty* (Hiromasa Yonebayashi) et *La Colline aux coquelicots* (de son fils Goro Miyazaki). À la fin de l'été 2011, Miyazaki se rend avec Suzuki à Rikuzentakata, ville fortement touchée par le tsunami du 11 mars de la même année, pour projeter *La Colline aux coquelicots* et aider moralement les enfants de la région. *Le Vent se lève*, construit comme un chant du cygne de sa carrière et de sa vie, sort en juillet 2013 et attire près de huit millions de spectateurs dans les salles.

LA RETRAITE AVORTÉE

Quelques semaines après sa sortie, le dimanche 1er septembre, Koji Hoshino, président du studio Ghibli, annonce lors d'une conférence de presse à la Mostra de Venise que Hayao Miyazaki prend officiellement sa retraite. Le réalisateur n'est pas présent lors de cette déclaration. Il organise donc le vendredi suivant une conférence de presse à Tokyo pour annoncer qu'il prend sa retraite en tant que réalisateur de longs-métrages. Il indique qu'il continuera à se rendre chaque jour au studio Ghibli et qu'on le retrouvera à travers d'autres projets jusqu'à la fin de sa vie, mais précise également que sa vue a baissé et que cela lui rend plus difficile la création d'animation. Il dit enfin avoir quitté le bureau de plus en plus tôt les années précédentes afin de se reposer. Ce n'est pas la première fois qu'il effectue une telle communication autour de son départ à la retraite, mais son âge au moment de l'annonce (près de soixante-treize ans) et le retentissement de cette déclaration (sur Internet et en particulier les réseaux sociaux) lui donnent une visibilité et une crédibilité nouvelles.

Le réalisateur reçoit de la part de l'Académie des Oscars, le 8 novembre 2014, un prix honorifique pour l'ensemble de sa carrière. Fin 2013, il annonce travailler sur un manga inédit : *Teppo Samurai* (« *Le samouraï au fusil* »). Des planches sont même dévoilées au cours d'un documentaire de la chaîne de télévision japonaise NHK en novembre de la même année. Toutefois, en avril 2015, il annonce au cours d'une interview au magazine de modèles réduits *Armour Modelling* que le travail sur ce manga est mis en pause indéfinie depuis déjà de longs mois.

En juillet 2015, lors d'une courte conférence de presse, Hayao Miyazaki annonce travailler depuis un an sur un court-métrage de douze minutes intitulé *Kemushi no Boro* (« *Boro la chenille* »). Contre toute attente, le film, destiné à être diffusé au musée Ghibli, sera réalisé en animation assistée par ordinateur. Sa durée de production étant de trois ans, il est alors prévu de le diffuser à compter du mois de juillet 2017[6]. En novembre 2016, il est annoncé lors d'une interview sur la chaîne NHK que le réalisateur a commencé à travailler sur un nouveau projet de long-métrage d'animation depuis l'été, bien que ce dernier ne

6. En réalité, il subira un léger retard et sera diffusé à partir du 21 mars 2018 et ce jusqu'à fin août de la même année. Il dure finalement quatorze minutes et vingt secondes. La bande-son complète (voix et bruitages sonores) a été confiée à l'humoriste Tamori, à l'exception d'un morceau au piano de Joe Hisaishi.

sera validé par le producteur Toshio Suzuki qu'en 2017. Suzuki indiquera en octobre 2017 que la raison principale de son retour consistait en la volonté de laisser une trace pour son petit-fils (alors âgé de huit ans) avant sa mort. Un temps, de nombreux commentateurs supposent que *Boro la chenille* est donc passé du statut de court à long-métrage. Il s'agit en réalité d'un film inédit intitulé *Kimi-tachi wa Do Ikiru ka*, que l'on pourrait traduire par « *Comment vivez-vous ?* ». Il s'agit du titre d'un livre pour enfants de 1937 écrit par l'auteur japonais Genzaburo Yoshino (1899-1981). Le livre s'articule autour d'un homme appelé Koperu et de son oncle ; il réfléchit sur la manière de vivre en tant qu'être humain à travers l'évolution spirituelle du protagoniste. Il n'a pas été indiqué que le film d'animation adaptera cette histoire, mais il est décrit comme action-aventure-fantaisie. Bien qu'une sortie cinéma au Japon soit prévue autour de 2020, Miyazaki n'avait dessiné que vingt minutes de story-board un peu plus d'un an après avoir démarré le travail sur le film ; il y a donc fort à parier, une fois de plus, que le planning ne sera pas respecté.

Akemi Ota, l'épouse dévouée

Née en 1938, Akemi Ota (大田朱美) entre aux studios Toei Animation en 1958 où elle débute en tant qu'intervalliste. Elle travaille notamment sur des animés devenus cultes tels que *Hakuja-den* (*Le Serpent blanc*) ou *Saiyuki* (*Le Voyage vers l'Ouest*). Elle rencontre Hayao Miyazaki en 1964 au sein de ces mêmes studios. En 1965, elle obtient le poste d'animatrice et en octobre, bien que de trois ans son aînée (une situation peu courante au Japon), elle épouse Miyazaki et met au monde leur premier enfant, Goro, en janvier 1967. Elle joue un rôle dans l'animation de *Horus, prince du Soleil* (1968) et devient animatrice-clé en 1969 sur *Le Chat botté*. Hayao s'occupe beaucoup de Goro et va aussi bien l'amener que le chercher à la crèche chaque jour, pour honorer sa promesse faite lors de leur mariage qu'ils pourraient tous deux poursuivre leur carrière parallèlement. En 1969, Akemi

accouche d'un second fils nommé Keisuke. Miyazaki écrira plus tard qu'il ne pouvait supporter de voir son deuxième fils rentrer à la maison à moitié endormi chaque soir, subissant les rythmes de ses parents. Deux ans plus tard, sur demande de son mari qui passait de plus en plus de temps à son travail, Akemi abandonne sa carrière d'animatrice en 1972 pour se consacrer à ses enfants en devenant femme au foyer. Elle précisera que ce choix a été effectué contre son gré, mais il aura permis de donner à Miyazaki le temps nécessaire pour se concentrer pleinement sur ses créations. En 1987, elle publie un livre intitulé ***Goro et Keisuke – Journal photo d'une mère au foyer***. Keisuke restera, lui, une figure très secrète ; on sait peu de choses sur lui, en dehors du fait qu'il a étudié le design dans une université de Tokyo. Akemi est aujourd'hui membre du conseil de la fondation ***Totoro no Furusato*** qui promeut et agit pour la reforestation.

La vie d'Akemi est particulièrement discrète voire secrète. Personnage quasiment sorti de la vie publique à partir de son passage en tant que femme au foyer, on n'en connaît que ce que Hayao Miyazaki veut bien en livrer : des bribes très courtes et vues par son prisme disséminées au cours de quelques interviews éparses au fil des années.

L'ŒUVRE DE

HAYAO MIYAZAKI

LE MAÎTRE DE L'ANIMATION JAPONAISE

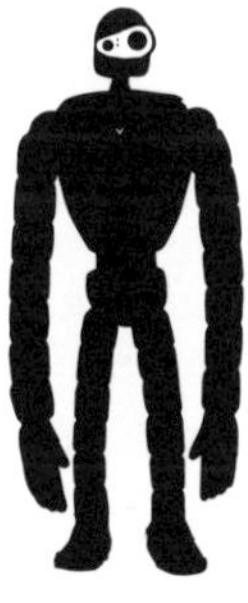

CHAPITRE II :
LE STUDIO GHIBLI

Il va sans dire que l'histoire de Ghibli[7] est intimement liée à celle de Hayao Miyazaki. Le réalisateur aura ainsi passé près de la moitié de sa vie sous l'égide du ce studio légendaire dont il est cofondateur. Après sa création, Ghibli s'est progressivement imposé comme l'un des plus grands studios de l'histoire du cinéma d'animation japonais, mais également l'un des plus connus et reconnus, à la fois au Japon et en dehors de ses frontières. Il nous semble donc indispensable d'y consacrer ce chapitre afin de découvrir ses fondations et son fonctionnement.

Processus de création du studio

En 1983, la société Tokuma Shoten, éditrice du magazine d'animation *Animage*, propose à Hayao Miyazaki de produire l'adaptation de *Nausicaä de la vallée du vent* en long-métrage d'animation. Les aventures de la princesse éponyme sont en effet prépubliées sous forme de manga dans le magazine depuis l'année précédente et elles y rencontrent un public suffisamment enthousiaste pour envisager l'adaptation en la confiant à son auteur. Pour concevoir le film techniquement, le jeune réalisateur fait ainsi appel aux forces vives de Topcraft, un studio d'animation fondé onze ans plus tôt par Toru Hara, ancien animateur chez Toei, confrère de Miyazaki sur *Horus, prince du Soleil* et futur producteur exécutif des six premiers longs-métrages de Ghibli (jusqu'en 1991 avec *Souvenirs goutte à goutte*). Il s'agit du deuxième et dernier long-métrage d'animation produit par le studio, après *La Dernière licorne*, un film américain dont l'essentiel de l'animation est réalisé au Japon par Topcraft.

Le succès au cinéma de *Nausicaä* encourage Tokuma Shoten à commander à l'équipe un second film. Au même moment, Topcraft connaît

7. En japonais, Ghibli s'écrit ジブリ et se prononce « djibli ».

des difficultés financières ; il est alors décidé de débaucher un grand nombre de ses travailleurs pour créer le studio Ghibli le 15 juin 1985, filiale de Tokuma Shoten également sous la direction de Yasuyoshi Tokuma. Le studio Topcraft est alors déclaré en faillite et dissous ; on peut ainsi considérer que Ghibli est né des fondations laissées par Topcraft, réattribuées à la suite du succès public de *Nausicaä* par Miyazaki. Un étage entier, soit 300 m^2, est loué dans un immeuble de Kichijoji, dans une banlieue résidentielle à l'ouest de Tokyo. Seize ans plus tard, le musée Ghibli prendra ses quartiers à quelques pas de là.

Contrairement à une idée reçue, *Le Château dans le ciel* (août 1986) s'avère ainsi le premier long-métrage à sortir sous l'égide du studio Ghibli ; *Nausicaä de la vallée du vent* n'en fait donc pas partie historiquement. Toutefois, puisque les équipes de réalisation et de production sont sensiblement les mêmes, ce dernier est considéré comme un film Ghibli jusque par le studio lui-même, en témoigne sa présence sur le site Internet officiel ou encore les sorties en DVD et Blu-ray dans la même collection que ses successeurs.

À l'époque de la création du studio, dans les années 1980, les longs-métrages d'animation ne sont encore pas monnaie courante au Japon, qui leur préfère les séries animées, voire les moyens-métrages (connus sous le nom d'OVA pour « *Original Video Animation* ») parfois sans âme. Le studio Ghibli vient donc, sous l'impulsion des réalisateurs Hayao Miyazaki, Isao Takahata et d'autres animateurs relativement connus dans le milieu, rechercher la création de films d'animation originaux où la qualité technique et scénaristique doit être très élevée, libérée d'une contrainte de temps trop stricte. Le public visé ne se limite pas aux enfants, mais englobe tous les âges grâce à différents niveaux de lecture.

Le nom du studio est choisi par Miyazaki lui-même. Il reprend celui d'un avion de reconnaissance de l'armée italienne utilisé pendant la Seconde Guerre mondiale, le « Caproni Ca.309 Ghibli ». Mot d'origine libyenne, « *ghibli* » est le nom d'un vent chaud qui souffle dans le désert du Sahara ; il est plus connu en Occident sous le nom de « sirocco ». Miyazaki veut alors, selon Toshio Suzuki, faire souffler un vent fort sur le monde de l'animation. Au moment de transcrire phonétiquement le mot dans la langue japonaise pour l'enregistrement, une erreur est commise par rapport à la prononciation originale : [guibli] devient alors [djibli] et lorsque l'équipe s'en aperçoit, il est trop tard pour la corriger. Toutefois, le court-métrage *Ghiblies* (2000) se prononcera [guibliz] comme en clin d'œil.

Des débuts modestes au salariat

Les premières années d'existence du studio Ghibli, la survie de l'entreprise et les contrats des animateurs sont conditionnés au succès public de chacune de ses sorties au cinéma. Si un film réalise suffisamment de recettes, il permet ainsi de financer le suivant. Toutefois, en cas d'échec, l'aventure du studio s'arrête net. À chaque nouvelle production décidée par Ghibli, une équipe d'environ soixante-dix personnes est embauchée en contrat temporaire (seulement pour la durée de création du film). On rémunère les artistes et animateurs comme des pigistes : au nombre de documents livrés, une pratique courante dans le milieu. *Mon voisin Totoro* et *Le Tombeau des lucioles*[8], qui sortent d'ailleurs en séance commune, ont été réalisés avec cette épée de Damoclès au-dessus des projets. Il faudra attendre le succès plus conséquent de son quatrième long-métrage, *Kiki la petite sorcière*, en juillet 1989, pour que le studio puisse salarier l'équipe l'année suivante avec des contrats à durée déterminée ou indéterminée, et ainsi mettre en place un système de rémunération fixe amorcé avec *Souvenirs goutte à goutte* (1991). À partir de là est instaurée l'embauche régulière de nouveaux employés et leur formation assurée. C'est également à ce moment-là que Toshio Suzuki quitte *Animage* pour rejoindre définitivement les rangs de Ghibli et devenir le célèbre producteur du studio.

Le doublement des salaires, décidé peu après, implique plus de promotion autour de chaque sortie pour s'assurer de toucher un public

8. Réalisé par Isao Takahata, le film est l'adaptation de *La Tombe des lucioles*, nouvelle semi-autobiographique déchirante écrite en 1967 par Akiyuki Nosaka. Elle met en scène Seita et Setsuko, un adolescent et sa petite sœur qui tentent de survivre à Kobe pendant l'été 1945, après le décès de leurs parents dans les bombardements de la Seconde Guerre mondiale.

plus large. *Souvenirs goutte à goutte*[9] a également été le premier à bénéficier d'un tel système, puisque plus de 40 % de son budget (1,2 milliard de yens au total) a été utilisé à des fins promotionnelles et publicitaires. Le studio se cherche également une mascotte pour fixer et faciliter sa communication. Les bons retours du public autour de la bestiole protagoniste de *Mon voisin Totoro* encouragent la production à le choisir ; trente ans plus tard, il en est encore le digne représentant. Ghibli commence aussi à sortir des produits dérivés officiels de ses personnages à partir de 1990 : peluches, figurines, bandes originales sur CD, vêtements et accessoires, linge, vaisselle, ligne spéciale pour bébés entre autres *goodies*. Petit à petit, la vente de ces produits dérivés se rassemble derrière une structure officielle organisée avec le groupe Benelic et appelée Donguri Kyowakoku (littéralement « la République du gland ») ; en 2017, la franchise comptait ainsi plus de quarante boutiques réparties sur tout le Japon, et même une à Hong Kong[10]. Ces nouvelles recettes permettent de diversifier les sources de financement et asseoir la solidité financière du studio. Ainsi, pour la première fois de son histoire, la réalisation de *Porco Rosso* peut démarrer alors même que celle de *Souvenirs goutte à goutte* n'est pas encore achevée.

Pendant la production de *Porco Rosso*, en 1991, près de cent personnes travaillent dans les locaux de Kichijoji. Il est alors décidé de faire construire des bâtiments plus adaptés. Miyazaki lui-même s'occupe de dessiner les plans de construction, sur quatre étages dont un sous-sol, pour une superficie totale plus que triplée : 1 100 m². Un mois après la sortie du film, en août 1992, le studio Ghibli déménage donc à Koganei, à quelques kilomètres à l'ouest, toujours dans le grand Tokyo.

L'année 1993 est marquée par la diffusion en décembre de *Je peux entendre l'océan* (*Umi ga kikoeru*), un film réalisé par une jeune équipe avec deux spécificités. C'est le premier à être dirigé par un réalisateur

9. Également connu sous son titre original de *Omohide Poro Poro*, il s'agit de la deuxième réalisation d'Isao Takahata au sein du studio Ghibli. Tiré du manga éponyme de Hotaru Okamoto et Yuko Tone, paru en 1988, le film possède une narration principale ancrée dans les souvenirs de sa protagoniste. Il développe les thématiques du clivage urbain/rural ainsi que la place de la femme dans la société japonaise.

10. À noter que la plupart des magasins de la chaîne Donguri participent à un programme de reforestation cher à Miyazaki, qui consiste pour les clients à rapporter, au comptoir des magasins, des glands qui sont transférés par la suite dans le plus petit village du Japon (Okawa sur l'île de Shikoku) pour y être replantés.

(Tomomi Mochizuki) autre que les deux têtes de gondole du studio, et il est produit pour une diffusion directement à la télévision sans passer par la case cinéma ; il sera d'ailleurs le seul dans ce cas-là. Tiré du roman de Saeko Himuro, encore en prépublication au début de la production du film, il narre le déménagement d'une jeune lycéenne, Rikako, de Tokyo vers la ville rurale de Kochi, sur l'île de Shikoku, et les tribulations amoureuses qui en découlent. *Pompoko* d'Isao Takahata sort l'été suivant, suivi de *Si tu tends l'oreille* (*Mimi o sumaseba*) de Yoshifumi Kondo en juillet 1995, deux beaux succès dans les salles obscures pour Ghibli, qui poursuit ainsi son expansion culturelle et affermit son assise financière. Le premier, une histoire originale, s'inscrit comme une fable écologiste fantasque où les tanukis[11] se battent contre le boom industriel de la capitale, qui construit des villes-dortoirs de banlieues sur leur territoire. Le second, tiré du manga éponyme d'Aoi Hiiragi publié en 1989, dépeint une amourette de Shizuku, une jeune adolescente de Tama en périphérie de Tokyo, et ses aventures oniriques dans le monde d'Iblard avec Baron, une statuette de chat magique trouvée chez un antiquaire.

Le succès à l'international

Toutefois, jusqu'alors, les films du studio ne sont pas distribués à l'international, ou très rarement. Seules véritables exceptions : *Mon voisin Totoro*, distribué par Tokuma dans cent dix-neuf salles au États-Unis en 1993 sans grande réussite, et surtout l'adaptation hasardeuse de *Nausicaä* qui s'est vue coupée et modifiée pour le public américain sans l'accord de son réalisateur. La colère de Miyazaki durera près d'une décennie, pour ne s'atténuer qu'à l'aboutissement d'un partenariat entre la Tokuma et Disney/Buena Vista le 23 juillet 1996. Ce contrat entre les deux mastodontes possède des clauses strictes de localisation, en particulier la traduction exacte des dialogues et l'interdiction de couper ne serait-ce qu'une seule scène, ou d'apporter toute autre

11. Personnages bien connus du folklore japonais, ces chiens viverrins espiègles, proches du raton-laveur, ont la faculté de se transformer en tout et n'importe quoi, et surtout en êtres humains pour leur faire des farces ou des frayeurs.

modification aux films originaux. Depuis cette date, The Walt Disney Company possède les droits de distribution partout dans le monde, à l'exception de l'Asie, sur la plupart des œuvres du studio au cinéma et en vidéo (y compris au Japon[12]). Cela permet à Ghibli d'accéder à l'énorme marché occidental et d'accroître drastiquement sa notoriété hors des frontières japonaises. En juin 1997, le studio fusionne avec sa société mère Tokuma. *Princesse Mononoké* sonne en juillet de la même année un nouveau grand succès critique du studio, et surtout le record statistique en matière d'entrées sous l'égide de Miyazaki.

En décembre 1998, le studio fait une première incursion relativement discrète dans le milieu du jeu vidéo par le biais de Katsuya Kondo, fidèle animateur qui aura travaillé sur la quasi-totalité des longs-métrages Ghibli. Il imagine les personnages du dispensable *Jade Cocoon – Tamamayu Monogatari*, jeu de rôle sorti sur la PlayStation première du nom. L'expérience est réitérée dans sa suite directe sur PlayStation 2, sortie en août 2001 soit quelques mois seulement après la tardive localisation du premier volet en Europe.

Isao Takahata accouche de *Mes voisins les Yamada* en juillet 1999, s'essayant pour la première fois à l'animation assistée par ordinateur, pour un résultat inédit au style crayonné coloré à l'aquarelle. Adaptation du *yonkoma* (bande dessinée en quatre cases) du mangaka Hisaichi Ishii, publié dans le journal quotidien *Asahi Shinbun*, elle se découpe en une série de sketches plus ou moins longs autour d'une famille japonaise fantasque. Malheureusement, le film est un échec commercial : seulement deux tiers du budget sera remboursé par ses entrées au cinéma. Une conséquence en entraînant une autre, Takahata fera une pause de quinze ans dans la réalisation de films pour le studio Ghibli.

Ghiblies, un court-métrage de douze minutes réalisé par l'animateur méconnu Yoshiyuki Momose, est diffusé en 2000 à la télévision ainsi qu'au musée Ghibli à Tokyo. Il dépeint le quotidien des salariés du

12. Au Japon, Disney bénéficie d'une très forte notoriété. Ainsi, le parc d'attractions Tokyo Disneyland, ouvert en 1983, est, avec son alter ego DisneySea, la première attraction touristique au monde (à la mi-2017, sept cents millions de visiteurs avaient arpenté ses allées). Le film d'animation *La Reine des neiges* est le deuxième film le plus rentable de l'histoire du cinéma au Japon, derrière *Le Voyage de Chihiro* et devant *Titanic* et *Your name*. Des rumeurs récurrentes et persistantes font d'ailleurs régulièrement état d'un rachat du studio Ghibli par Disney. Il semble que Miyazaki notamment, tant qu'il est encore en vie, bloque une telle opération.

studio à travers des saynètes humoristiques à l'humour très japonais et parfois fantaisiste. L'animation, qui s'y montre expérimentale, de même que le contenu très centré sur lui-même, à la frontière de la « *private joke* », achèvent de conférer son caractère abscons à l'essai. Un second épisode voit le jour deux ans plus tard lors d'une diffusion cinéma en pré-séance du *Royaume des chats*, avec un bagage technique beaucoup plus costaud et agréable à l'œil du spectateur.

2001 marque l'année du plus grand succès du studio Ghibli. *Le Voyage de Chihiro* de Miyazaki est le film le plus vu de l'histoire du cinéma japonais. Il permet également le rayonnement très large du studio à l'international et libère la culture japonaise des relents parfois négatifs qu'elle pouvait avoir subis de la période *Club Dorothée*[13]. En octobre de la même année ouvre le musée Ghibli à Mitaka, dans la banlieue ouest de Tokyo. *Le Royaume des chats* est diffusé l'année suivante et marque la propulsion de Hiroyuki Morita à la réalisation, un animateur jusqu'alors cantonné à des postes moins importants. Film très léger et parfois délicieux, suite plus ou moins directe de *Si tu tends l'oreille*, il ne permettra pourtant pas à son auteur de réitérer l'expérience de réalisateur. En novembre 2004, Hayao Miyazaki accouche du *Château ambulant*, après une production difficile entamée par Mamoru Hosoda. Braqués par des différences de point de vue sur l'orientation du film, Miyazaki fera plier Hosoda qui finira par prendre la porte pour rejoindre le studio Madhouse et accoucher par la suite de beaux succès : *La Traversée du temps*, *Summer Wars*, *Les Enfants loups, Ame et Yuki*, *Le Garçon et la Bête* et *Miraï, ma petite sœur.*

En 2005, le studio Ghibli revendique son indépendance et s'éloigne de Tokuma Shoten pour devenir autonome. Pour une question de droits qui sera finalement résolue, Ghibli a alors failli changer de nom pour Sirocco, qui est tout simplement l'autre nom du vent saharien *ghibli*.

13. Après avoir fait entrer en France la culture populaire japonaise avec ses séries d'animation, et captivé une génération entière de jeunes filles et garçons, le *Club Dorothée* a dû essuyer de nombreuses critiques autour de la violence des animés diffusés (notamment *Dragon Ball Z*, *Ken le survivant* ou encore *Les Chevaliers du Zodiaque*), principalement de la part d'associations comme Familles de France, ou encore de certaines personnalités politiques comme Ségolène Royal. L'émission s'arrêtera en 1997, sans que l'on sache vraiment l'impact de ces polémiques sur cette issue.

La vitesse de croisière et le besoin de renouveau

Hayao Miyazaki se sent vieillir et accepte de continuer à ouvrir la réalisation de films Ghibli à de plus jeunes réalisateurs. Sans même se cacher, les pontes du studio avouent désormais réfléchir concrètement au renouveau de ses têtes de proue pour remplacer les deux stars vieillissantes. Ainsi, 2006 voit la sortie des *Contes de Terremer*, premier film de Goro Miyazaki, fils aîné du maître. Propulsé réalisateur malgré sa formation de paysagiste, après quatre années passées à la direction du musée Ghibli à Tokyo (depuis son ouverture), il livre avec ce long-métrage une adaptation du cycle de *fantasy* éponyme de la romancière américaine Ursula K. Le Guin. Très inégal[14], le long-métrage s'ouvre sur un parricide symbolisant froidement la relation du jeune réalisateur avec son père[15]. La même année, c'est Kazuo Oga, directeur artistique à qui l'on doit de nombreux décors sur plusieurs œuvres majeures du studio, qui réalise son propre film de vingt-sept minutes : *La Nuit de Taneyamagahara*. Tiré d'une nouvelle éponyme de l'auteur Kenji Miyazawa, le moyen-métrage possède deux particularités. D'abord, son animation s'avère extrêmement lacunaire, enchaînant plutôt une série de tableaux quasiment statiques. Ensuite, la narration, constante, y est prononcée dans le dialecte du Tohoku, région du nord de l'île principale, Honshu, où se situe l'histoire ; dans sa version originale, le film est ainsi sous-titré dans un japonais plus « classique » pour la bonne compréhension par tous les spectateurs. En 2007, nouvel essai du studio avec *Iblard Jikan*, un court-métrage sorti directement en DVD,

14. L'auteure écrira sur son site Internet une longue note historique et d'humeur à ce sujet. Dans celle-ci, elle explique avoir été contactée par Hayao Miyazaki vingt ans plus tôt pour une adaptation des trois premiers tomes d'alors mais, ne connaissant pas son travail et uniquement l'animation de Disney, elle avait à l'époque refusé. Une quinzaine d'années plus tard, elle découvre *Mon voisin Totoro* grâce à son amie Vonda N. McIntyre et devient immédiatement fan du réalisateur. Elle apprend quelque temps après que Masako Shimizu, la traductrice japonaise des *Contes de Terremer*, connaît Miyazaki et lui demande de lui transmettre que s'il est toujours intéressé par une adaptation, elle sera ravie d'en discuter avec lui. En août 2005, Hayao Miyazaki et Toshio Suzuki sont invités chez Ursula K. Le Guin pour échanger sur le film, et ils indiquent alors que le maître souhaite prendre sa retraite et que Ghibli envisage de confier l'adaptation à son fils Goro. Bien que déçue, l'auteure accepte sur la réassurance que le père superviserait le long-métrage. En découvrant qu'il n'est finalement pas intervenu sur le film et face à la courte durée de production, la romancière connaît une grande déception. Elle indiquera considérer *Les Contes de Terremer* de Goro Miyazaki non pas comme une adaptation des livres mais comme un film très éloigné des histoires originales, manichéen, très conventionnel et bien loin de la délicatesse de *Mon voisin Totoro* ou de la richesse et splendeur du *Voyage de Chihiro*, s'inquiétant par là même du manque de respect apporté à la fois à l'œuvre originale et à ses lecteurs.
15. Cf. le portrait de Goro Miyazaki.

impressionniste, muet et, une nouvelle fois, presque sans mouvement. Réalisé par le peintre Naohisa Inoue, responsable des décors de *Si tu tends l'oreille*, le film offre une porte d'entrée vers le monde d'Iblard imaginé par l'artiste en 1983 et complété depuis par sa récurrence dans la majorité de ses œuvres.

Le 1er février 2008, Koji Hoshino, président de Disney Japon et ami de Toshio Suzuki, devient P.-D.G. du studio Ghibli. Au cours de l'été de la même année, *Ponyo sur la falaise* débarque sur les grands écrans japonais, aidé par un matraquage publicitaire particulièrement conséquent. Hayao Miyazaki y revient à ses premières amours en imaginant un conte fantasmatique, très proche dans l'esprit de *Panda Petit Panda* et *Mon voisin Totoro*. En 2009, le studio ouvre « Ghibli West », un bureau de formation pour les nouveaux animateurs situé dans les locaux de Toyota dans la ville éponyme, à environ trois cents kilomètres à l'ouest de Tokyo. En 2010, c'est un fidèle du studio qui accède au titre de réalisateur : Hiromasa Yonebayashi. Entré chez Ghibli en tant qu'intervalliste en 1996, il avait depuis fait ses classes comme animateur puis codirecteur d'animation. Il livre alors *Arrietty, le petit monde des chapardeurs*, fable sympathique mais oubliable, tirée du roman *The Borrowers* de l'auteure anglaise Mary Norton. La même année, Ghibli s'incruste à nouveau dans le monde du jeu vidéo à travers une collaboration remarquée avec le studio de développement japonais Level-5 (*Professeur Layton*, *Yokai Watch*) sur le jeu de rôle *Ni no Kuni*. Sur la portable Nintendo DS, on retrouve déjà le design des personnages caractéristique, mais dans la version plus complète sortie l'année suivante sur PlayStation 3, il s'accompagne cette fois de véritables courts-métrages originaux qui viennent ponctuer l'aventure et faire avancer son scénario, réalisés directement par les animateurs de Ghibli. Sept ans plus tard, sa suite *Ni no Kuni II* tentera de surfer à nouveau sur l'engouement initial, mais le studio n'y prendra pas part de manière officielle, en raison du changement de son modèle économique. Cependant, plusieurs membres et collaborateurs de Ghibli œuvreront au jeu, à l'instar du designer Yoshiyuki Momose et du compositeur Joe Hisaishi.

En juillet 2011, Goro Miyazaki revient aux manettes avec *La Colline aux coquelicots*, deuxième long-métrage plus abouti et moins tempétueux, adapté d'un manga éponyme publié en 1980 et narrant l'histoire d'un couple de lycéens à Yokohama en 1963. Il reste toutefois au jeune réalisateur un long chemin à parcourir avant de tutoyer le talent de ses aînés.

L'année 2013 s'avère chargée pour Ghibli puisqu'à la fois Miyazaki père et Takahata accouchent de leurs (supposés) derniers longs-métrages respectifs. On doit *Le Vent se lève* au premier, en été, et *Le Conte de la princesse Kaguya* au second, en novembre. Deux films étonnants tant leurs thématiques respectives paraissent entrecroisées ; en effet, Miyazaki semble livrer comme un chant du cygne cathartique mais parfois difficile à appréhender, et donc à apprécier, pour le spectateur non averti, alors que Takahata, au travers de ce qui sera finalement son dernier film, propose une longue lecture éthérée d'un des plus fameux contes traditionnels du folklore japonais. Entre les deux sorties, Miyazaki convoque la presse pour annoncer officiellement sa retraite du long-métrage d'animation. L'année suivante, Yonebayashi est remis sur le devant de la scène avec *Souvenirs de Marnie*, une proposition peu convaincante adaptée d'un roman de Joan G. Robinson. Il quitte Ghibli quelques mois plus tard pour fonder Ponoc avec d'autres anciens du studio, via lequel il réalisera *Mary et la fleur de la sorcière* en 2017. En 2014 également, Ghibli continue de se chercher en supervisant la production de *Ronya, fille de brigand*, série animée de vingt-six épisodes, réalisée par Goro Miyazaki et tirée du roman éponyme d'Astrid Lindgren (*Fifi Brindacier*) publié en 1981. Conçu en 3D par ordinateur, le rendu souffre d'une qualité déplorable, aussi bien sur le plan technique que scénaristique. En 2016, le studio Ghibli revient sur le devant de la scène cinématographique par une plus petite porte. Il s'essaie alors à un nouveau type d'exercice avec *La Tortue rouge*, un délicieux long-métrage d'animation réalisé par le Néerlandais Michael Dudok de Wit, non pas en interne mais coproduit avec la société française Wild Bunch ainsi que Why Not Productions. La fable muette, si elle porte a priori peu de caractéristiques de l'animation japonaise[16], s'avère tout à fait charmante dans sa lecture fantasmatique du conte de *Robinson Crusoë*.

16. Et pour cause, la plupart des artistes ayant œuvré au film sont français. Cependant, dans sa sensibilité, son élégance et sa manière de tout exprimer par le biais de l'image et de la musique, le film n'est pas si éloigné de l'approche d'un Isao Takahata par exemple, même si le réalisateur Michael Dudok de Wit laissait déjà transparaître cette vision artistique dans ses courts-métrages. Précisons aussi qu'Isao Takahata a justement conseillé le réalisateur sur le film, et a chapeauté la confection du story-board.

Alors que certains pouvaient penser le studio promis à une mort lente devant l'absence de sang frais (il a même été plus ou moins dit qu'une fermeture officielle n'était pas exclue), Ghibli surprend une fois de plus en publiant en mai 2017 sur son site Internet une annonce de recrutement de jeunes animateurs pour un nouveau long-métrage de Hayao Miyazaki. Les contrats de travail, prévus pour une durée de trois ans éventuellement prolongeables, débuteraient le 1er octobre de la même année par une formation de six mois aux techniques d'animation maison. Outre l'acceptation de profils inexpérimentés, le point polémique au moment de cette publication fut le salaire étonnamment bas, même pour la profession : 200 000 yens mensuels soit environ 1 600 euros au cours d'alors.

En novembre 2017, l'organigramme de Ghibli se réorganise sensiblement avec le remplacement de Koji Hoshino par Kiyofumi Nakajima (auparavant directeur du musée Ghibli) au poste de président de la société. Le premier devient président du conseil d'administration ; le second est remplacé par Kazuki Anzai, auparavant responsable des expositions du musée. Toshio Suzuki reste à la tête de la production ; les trois hommes étant présentés comme directeurs représentatifs du studio.

Encore aujourd'hui, les méthodes de travail restent très traditionnelles pour nombre de films du studio. À quelques rares exceptions près, l'ensemble de la production est encore réalisé à la main selon des techniques 2D, alors que la grande majorité des studios occidentaux a cédé aux sirènes de l'animation assistée par ordinateur, à commencer par Disney qui, après le rachat des studios Pixar en 2006, a fermé son dernier studio d'animation 2D en 2013. C'est peut-être en partie ce qui confère aux longs-métrages de Ghibli leur caractère si envoûtant, outre un design des personnages marqué et reconnaissable. Dans tous les cas, ce travail d'artisan participe au rayonnement d'une certaine culture japonaise « respectable » dans le monde occidental. Enfin, il est intéressant de noter que quel que soit le succès de ses films (et l'on a vu qu'il y en a eu de particulièrement forts !), Ghibli s'est toujours refusé à céder aux sirènes de la suite facile pour favoriser les recettes, privilégiant constamment les nouvelles créations originales. Se pose toutefois, depuis déjà de longues années, la difficile question de la succession au sein d'un studio qui peine à trouver une aura forte, capable de passer après la pointure Miyazaki et, dans une moindre mesure, Takahata.

Hiromasa Yonebayashi, le protégé décevant

Né le 10 juillet 1973 à Nonoichi dans la préfecture d'Ishikawa, Hiromasa Yonebayashi (米林宏昌) suit des études de design à Kanazawa, dans les Alpes japonaises. Il entre au studio Ghibli en 1996 en tant qu'intervalliste sur *Princesse Mononoké* (1997). Il participe à *Ghiblies* (2000) et au *Voyage de Chihiro* (2001) en tant qu'animateur-clé, devient directeur de l'animation sur deux courts-métrages pour le musée Ghibli[17], puis animateur-clé du *Château ambulant* (2004) et assistant du directeur de l'animation sur les *Contes de Terremer* (2006), et encore animateur-clé sur *Ponyo* (2008). On lui connaît également quelques écarts notables avec d'autres studios, tels que sur *Jin-Roh* (1999), *Serial Experiments Lain* (1998) ou encore *Monster* (2004). Ghibli lui confie sa première réalisation en 2010 avec *Arrietty, le petit monde des chapardeurs*[18], qu'il confirme en 2014 avec *Souvenirs de Marnie*. En mars 2015, il annonce avoir quitté le studio Ghibli après dix-huit ans de bons et loyaux services, peu de temps après la sortie de *Marnie* au Japon, mais il souhaite poursuivre sa carrière dans l'animation. Il rejoint alors le studio Ponoc où il réalise le film *Mary et la fleur de la sorcière*, un film très inspiré de l'esthétique Ghibli, sorti à l'été 2017 au cinéma au Japon.

Yonebayashi est un animateur techniquement efficace, dévoué et d'un calme olympien, réfléchi mais têtu. Selon les dires mêmes de Miyazaki, il est le premier réalisateur formé à l'école Ghibli. Si cela s'en ressent dans les trois longs-métrages qu'il aura dirigés,

17. *Machines volantes imaginaires* (2002) puis *Mei et le chaton-bus* (2003).
18. À trente-sept ans, il est alors le plus jeune réalisateur de long-métrage de l'histoire du studio, juste devant Hiroyuki Morita avec son *Royaume des chats*.

il y manque probablement un supplément d'âme pour prétendre tutoyer l'excellence des productions de ses mentors ; le public ne s'y est d'ailleurs pas trompé, leur réservant un accueil plutôt timide. Son départ du studio s'expliquerait par le fait que sa proposition sur ***Mary*** n'a pas été retenue par Toshio Suzuki, probablement trop proche des thématiques abordées et distillées dans les précédents films du studio.

L'ŒUVRE DE

HAYAO MIYAZAKI

LE MAÎTRE DE L'ANIMATION JAPONAISE

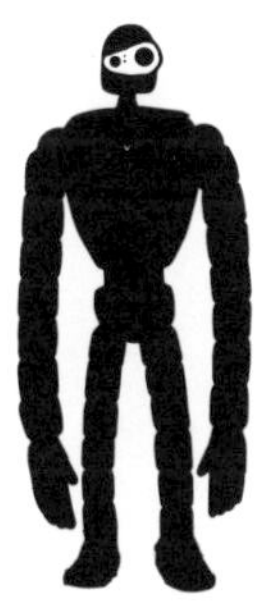

CHAPITRE III :
LE MUSÉE GHIBLI

Un musée d'art aux portes de Tokyo

Le musée Ghibli est situé dans la forêt de Mitaka, adossé au parc d'Inokashira, dans la périphérie ouest de la capitale japonaise. Ouvert au public le 1er octobre 2001, il présente des expositions liées aux créations ou à l'univers Ghibli, une représentation du bureau de travail de Hayao Miyazaki, une salle d'expositions temporaires généralement dédiées au dernier film produit par le studio, une salle de jeux pour les enfants où trône un Chat-bus[19] gigantesque en peluche, un café dédié en terrasse, ainsi qu'une boutique (nommée « Mamma Aiuto » en référence au gang de pirates de l'air de *Porco Rosso*) où l'on trouve des produits dérivés vendus exclusivement sur place, quoiqu'onéreux pour la plupart. D'une superficie relativement restreinte, le musée limite ses entrées à quatre créneaux horaires quotidiens de sorte à ne pas trop encombrer la visite. Par ailleurs, son accès payant n'est possible que sur réservation préalable auprès de son seul partenaire : le réseau de billetterie dédié de la chaîne de supérettes japonaises Lawson (certaines agences de voyages hors du Japon permettent également la commande de billets, via ce réseau). On estime sa capacité à environ deux mille visiteurs par jour ; en janvier 2017, le musée a annoncé en avoir accueilli dix millions depuis son ouverture. Dirigé par Goro Miyazaki, fils aîné du réalisateur, dès son ouverture, le musée a ensuite été confié à Kiyofumi Nakajima en 2005 puis à Kazuki Anzai à partir de fin 2017.

L'architecture du musée Ghibli se découvre progressivement dans tout Mitaka. Des panneaux arborant la tête de Totoro sont, par exemple, disséminés ici et là dans la petite ville résidentielle. Il existe même un Chat-bus jaune qui, moyennant un tarif modique, dépose en quelques minutes les visiteurs depuis la gare principale jusqu'à l'entrée

19. Un personnage iconique de *Mon voisin Totoro*.

du musée ! Le bâtiment en lui-même fait montre d'une construction étonnante, de l'immense Totoro qui sourit aux visiteurs derrière son guichet d'accueil au robot géant (reproduit à taille « réelle ») du *Château dans le ciel*, qui semble reposer sur le toit depuis des siècles et voit une chaîne de visiteurs défiler sans fin pour se prendre en photo à son côté. Un petit morceau de pellicule est offert à chacun à l'entrée mais, puisque les photos sont interdites à l'intérieur et que la visite s'avère intégralement en japonais sans audioguide, les souvenirs restent surtout gravés en mémoire.

Les courts-métrages inédits

Dans la partie la plus enclavée du musée se trouve une salle de cinéma baptisée Saturn Theater, où sont diffusés des courts-métrages inédits du studio Ghibli, réalisés par Hayao Miyazaki lui-même à l'exception de l'un d'entre eux, qui est l'œuvre de Akihiko Yamashita. La programmation tourne ainsi parmi une petite dizaine de films ; elle est annoncée quelques semaines à l'avance sur le site officiel. Puisque ces courts-métrages sont indisponibles à la vente en DVD ou Blu-ray, en téléchargement ou en *streaming*, le caractère exclusif prend tout son sens lors des séances (toutefois uniquement en japonais et sans sous-titres).

- Dans *Kujira Tori* (2001 – Hayao Miyazaki), une classe de maternelle part dans une pêche à la baleine fantasmée.
- Dans *Koro no Osanpo* (2001 – Hayao Miyazaki), un chiot s'échappe de la maison de sa maîtresse et part à la découverte de son quartier pendant vingt-quatre heures.
- Dans *Mei to Konekobasu* (2002 – Hayao Miyazaki), suite de *Mon voisin Totoro*, la petite Mei fait une escapade nocturne avec un chaton-bus pour retrouver Totoro et rencontrer une mémé Chat-bus.
- Dans *Yado-sagashi* (2006 – Hayao Miyazaki), la jeune Fuki part en quête d'une nouvelle maison à la campagne et rencontre les esprits de la nature sur son chemin.
- Dans *Mizugumo Monmon* (2006 – Hayao Miyazaki), Monmon, une araignée d'eau, tombe amoureux d'une punaise d'eau.

- Dans *Hoshi o katta hi* (2006 – Hayao Miyazaki), qui se déroule dans le monde d'Iblard, le jeune Nona achète une graine qu'il plante et voit se transformer en étoile, puis en planète.
- Dans *Chu Zumo* (2010 – Akihiko Yamashita), un couple de paysans entraîne des souris qui vivent sous leurs combles et participent à un tournoi de sumo de la région.
- Dans *Pan-dane to Tamago-hime* (2010 – Hayao Miyazaki), monsieur Pâte pétrie et la princesse Œuf s'échappent du moulin à eau d'une sorcière où ils étaient retenus prisonniers.
- Dans *Takara-sagashi* (2011 – Hayao Miyazaki), Yuji le garçon et Gikku le lapin se défient dans des épreuves pour déterminer qui gardera la canne qu'ils ont tous deux trouvée en même temps.
- Dans *Kemushi no Boro* (2018 – Hayao Miyazaki), Boro la chenille déménage de son arbre vers celui d'à côté. Il s'agit du premier film du maître réalisé intégralement en animation assistée par ordinateur.

Le parc Totoro à Aichi

Pour l'Exposition universelle de 2005, à Nagoya, a été bâtie une reproduction de la maison de Satsuki et Mei, les deux fillettes de *Mon voisin Totoro*. Devant son succès, la réplique a été conservée et il est toujours possible de la visiter aujourd'hui. La visite dure une demi-heure. Le parc de Morikoro qui l'héberge, situé à Nagakute, n'est certes pas le plus facile d'accès (compter près de quatre heures de trajet aller depuis Tokyo ou deux heures et demie depuis Kyoto), mais l'expérience s'avère tout à fait étonnante : aussi bien l'extérieur que l'intérieur des lieux ont été reproduits avec le plus grand soin. Des meubles, ouvrages et objets de l'époque sont disposés dans la maison pour y apporter le plus de réalisme possible. Des glands, comme ceux avec lesquels Mei aime jouer dans le film, sont également déposés sous et autour de la maison. Il est même autorisé d'ouvrir les placards et autres tiroirs pour y découvrir les effets personnels des petites filles.

Fin mai 2017, le producteur Toshio Suzuki et le gouverneur de la préfecture d'Aichi, Hideaki Omura, ont annoncé l'extension du parc thématique sur deux cents hectares. Alors qu'il était initialement prévu pour une ouverture début 2020, de nouvelles informations sont communiquées en avril 2018, annonçant une fin des travaux pour l'année fiscale 2022 (soit entre le 1er avril de cette année et le 31 mars 2023). Afin de respecter au mieux l'environnement naturel, aucun arbre ne devrait être coupé pendant l'aménagement. Cinq zones thématiques sont prévues, inspirées des films les plus connus du studio : *Mon voisin Totoro*, *Le Voyage de Chihiro*, *Princesse Mononoké*, *Le Château ambulant* et *Si tu tends l'oreille*. Les croquis de rendus dévoilent des environnements enchanteurs où de larges espaces sont dédiés aux plus jeunes.

Goro Miyazaki, le fils à la relation compliquée

Né le 21 janvier 1967 à Tokyo, Goro Miyazaki (宮崎吾朗) est le premier fils de Hayao. Il grandit avec son petit frère, Keisuke, et développe une attirance pour l'animation, en particulier celle de son père pourtant absent. À la fin du lycée, il envisage de poursuivre ses études dans l'animation, mais sa mère l'en dissuade. Goro choisit alors de se tourner vers le paysagisme afin de ne pas être comparé à son père. Amoureux des montagnes[20], il étudie à l'université Shinshu de Matsumoto, dans les Alpes japonaises, d'où il sort diplômé en agriculture et sciences de la forêt. Il devient alors consultant en urbanisme pendant une dizaine d'années au cours desquelles il participe à divers projets d'aménagement et d'architecture, en particulier pour des institutions publiques ou des parcs.

À partir de 1998, le producteur Toshio Suzuki l'approche pour lui proposer de participer à la création du musée Ghibli imaginé par Hayao. Il refuse d'abord le poste avant de l'accepter et gérer la construction du musée, puis endosser le rôle de directeur dès son ouverture en octobre 2001 et jusqu'en juin 2005. Alors que

20. Il a fait partie du club de randonnée de son lycée.

Hayao Miyazaki réalise ***Le Château ambulant***, Suzuki demande à Goro de devenir consultant sur le film suivant du studio, puis de réaliser quelques planches du story-board. Miyazaki père souhaitait en effet adapter ***Les Contes de Terremer*** de la romancière Ursula K. Le Guin (1929-2018) depuis une vingtaine d'années, mais le producteur choisit finalement de confier la réalisation à son fils. Contre la volonté de Hayao qui le juge trop inexpérimenté pour cette tâche, Goro représente alors une nouvelle tentative de renouvellement des réalisateurs chez Ghibli. Les relations se tendent entre les deux hommes, qui ne se seraient pas parlé pendant toute la durée (certes courte : environ dix mois) de production du film. Le 28 juin 2006, un mois avant la sortie publique, Hayao Miyazaki se présente finalement à la première projection du long-métrage, qu'il quitte au bout d'une heure avant de déclarer publiquement que malgré son acharnement, le fruit du travail de son fils est trop immature. Dans ce climat tendu, le premier film de Goro sort donc alors qu'il est âgé de trente-neuf ans, à quelques mois près le même âge qu'avait son père lorsque son propre premier long-métrage (***Le Château de Cagliostro***) est sorti en 1979. ***Les Contes de Terremer***, dont la séquence d'introduction s'ouvre sur un parricide, reçoit des critiques mitigées et un succès public en demi-teinte.

En 2009, Goro Miyazaki réalise un court-métrage d'animation publicitaire pour le journal conservateur ***Yomiuri Shinbun***, quotidien le plus vendu au monde avec dix millions d'exemplaires en moyenne. À l'horizon 2010, les relations entre père et fils semblent s'être apaisées et Hayao écrit le scénario du second film de son fils, ***La Colline aux coquelicots***, accompagné de Keiko Niwa. Pour ce projet porté par le père à l'origine, dans la volonté d'adapter le manga original de 1980, celui-ci doublera même le personnage du professeur d'histoire. En juillet 2011 sort donc le second film de Goro. En 2014, sous la bannière lointaine de Ghibli, il réalise ***Ronya, fille de brigand***, une série animée par ordinateur et adaptée du roman d'Astrid Lindgren à qui l'on doit également ***Fifi Brindacier***. Diffusés à la fin de l'année 2014 sur la chaîne de télévision NHK, les vingt-six épisodes n'ont pas rencontré le succès attendu et ont montré un niveau technique et scénaristique particulièrement pauvres. Il fut annoncé un temps que le réalisateur travaillait sur son troisième long-métrage pour le studio Ghibli : un film de samouraïs dont la sortie était attendue en 2015. Disparu des radars, le film pourrait bien y revenir puisqu'avec la révélation du titre du nouveau long-métrage de Miyazaki père en novembre 2017, Toshio Suzuki a également dévoilé que Goro travaillait sur un nouveau projet en animation assistée par ordinateur, sans toutefois donner plus de détails.

Il ne fait aucun doute que les spectateurs se rendent aux séances des films de Goro Miyazaki pour deux raisons en particulier. D'abord, la curiosité de découvrir ce que l'héritage du maître de l'animation japonaise a pu produire. Ensuite, la puissance du patronyme qu'il porte malgré lui et de la marque qui le soutient : Miyazaki et Ghibli sont deux accroches très fortes et, au vu du soin apporté à la sélection de leurs collaborateurs, on peut s'interroger légitimement sur la présence du fils sur le devant d'une scène pour laquelle il n'a visiblement pas les épaules. Sans le nom de Miyazaki et sans l'adoubement du studio Ghibli, Goro n'aurait sans doute tout simplement pas pu réaliser ses essais et, quand bien même il lui aurait été donné de le faire, ils n'auraient vraisemblablement rencontré aucun succès public. Les critiques, pour le moins timides, témoignent d'une défiance particulière à l'égard de celui qui porte un rôle évidemment difficile à assumer, coincé entre ses propres aspirations, le regard d'un père parfois cruel, l'orientation non désintéressée du producteur et les attentes inatteignables du public élevé à la cuillère Hayao. Si l'on a senti une progression entre ses deux premiers longs-métrages, l'accouchement de ***Ronya*** a refroidi nombre de fans qui attendent désormais un éventuel nouveau projet avec des craintes légitimes.

L'ŒUVRE DE

HAYAO MIYAZAKI

LE MAÎTRE DE L'ANIMATION JAPONAISE

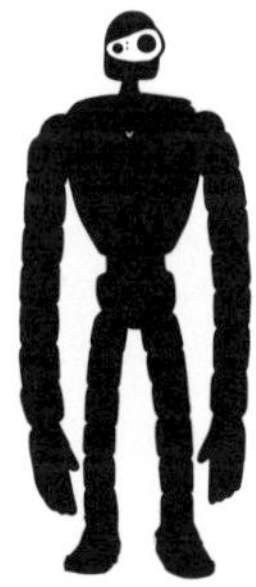

CHAPITRE IV :
ANALYSES DES ŒUVRES MAJEURES

En tant que référence incontournable de la culture populaire japonaise depuis les années 1980-1990, Hayao Miyazaki a fait couler énormément d'encre, au Japon bien entendu mais également en Occident, avec la diffusion de ses œuvres dans ces contrées depuis la fin des années 1990. La partie émergée de l'iceberg Miyazaki, ce sont les onze longs-métrages d'animation qu'il aura réalisés au cours de sa carrière (en attendant le douzième programmé pour 2020). Neuf d'entre eux l'ont été sous la bannière Ghibli, sans doute le plus connu des studios d'animation japonaise. Outre ces films sous le feu des projecteurs, le maître fut également le réalisateur, ou encore l'auteur, le mangaka ou tout simplement l'animateur de bien d'autres travaux plus méconnus.

Nous allons nous attacher ici à traiter principalement cette pierre angulaire, ces onze à partir desquels la plupart des créations de Miyazaki sont nées. Ils témoignent depuis les années 1970, à intervalles de plus en plus réguliers à mesure du temps, d'une vision artistique qui a autant évolué que les messages transmis. Du point de vue strictement occidental et sans bagage culturel nippon, bien au-delà de la vision superficielle livrée par leur plastique, il est tout bonnement impossible de déchiffrer correctement le travail de l'artiste si l'on ne possède pas les clés de lecture offertes par la connaissance de la langue et la culture japonaise. Les analyses de ce chapitre s'appuieront généralement sur des points de détail cruciaux distillés dans le texte original japonais et les références mythologiques, folkloriques ou sociétales spécifiques.

Puisque nous aborderons en détail les éléments-clés des récits, il est naturellement conseillé d'avoir déjà vu les films sur lesquels s'appuient ces analyses, voire de s'offrir un visionnage plus récent avant de se plonger dans les pages qui suivent, ceci dans le but de garder plus de fraîcheur sur le matériau d'origine.

HORUS, PRINCE DU SOLEIL (1968)

DES PERSONNALITÉS QUI SE DESSINENT

La création d'*Horus* vient sous l'impulsion de Yasuo Otsuka en 1965, près de dix ans après l'ouverture de Toei Animation, succursale du groupe Toei dédiée au cinéma d'animation. Celle-ci vise à concurrencer, d'une part l'hégémonie d'Osamu Tezuka sur le marché de l'animation au Japon et, d'autre part, la puissance de frappe occidentale de Disney qui tente de percer sur le territoire nippon. L'objectif de ce long-métrage est de concevoir le premier film animé destiné à tous les publics, sous-entendu « pas seulement aux enfants », auxquels la production est traditionnellement dédiée. Otsuka s'entoure d'Isao Takahata et Hayao Miyazaki, deux collègues animateurs syndiqués comme lui. Le premier sera, pour la première fois de sa carrière, placé à la réalisation. Le second, qui ne devait être qu'un « simple » intervalliste, prendra rapidement le rôle de responsable de la mise en scène. Ainsi débute la production de 太陽の王子ホルスの大冒険 *Taiyô no Ôji : Horusu no Daibôken* (littéralement « Le prince du Soleil : la grande aventure d'Horus »).

Au départ, le projet vise à adapter une pièce de théâtre pour marionnettes, *Chikisani no Taiyô* de Kazuo Fukazawa, dérivée d'une légende aïnoue[21]. Mais très vite, la production prend une voie différente et *Chikisani* s'avère une simple source d'inspiration inscrite au sein d'un scénario original plus large. Bien que cela ne soit pas précisé, le script

21. Les Aïnous sont une ethnie aborigène du nord du Japon, descendants des Emishis. Ils sont présents sur l'archipel japonais depuis plus de mille trois cents ans av. J.-C., mais ils ont été marginalisés par les Yamatos, le peuple dominant du Japon, à partir du XIXe siècle. Les Aïnous ont subi racisme et discrimination.

se déroule dans le fantasme d'une Europe de l'Est[22] de l'âge de fer où les personnages, en apparence simples voire basiques, cachent des motivations bien plus profondes et des niveaux de lectures éminemment intéressants. En effet, *Horus, prince du Soleil* montre en réalité les prémices du film d'animation à message qu'imagineront désormais presque systématiquement Takahata et Miyazaki. Ainsi, le long-métrage distille des métaphores très fortes de la condition du peuple aïnou au Japon, ainsi que de la position de la population japonaise en regard des actions américaines pendant la guerre du Vietnam. Toutefois, la direction de Toei Animation ne souhaitait pas que des messages politiques s'immiscent dans le discours de leurs films d'animation. C'est pourquoi, en apparence du moins, l'histoire paraît superficielle voire manichéenne, alors qu'en réalité le propos ne l'est absolument pas, bien au contraire.

Au-delà des personnalités complexes, d'un processus d'accouchement difficile et de son déséquilibre scénaristique et technique qui en découle, *Horus, prince du Soleil* sonne comme un premier film très engagé, symbole aussi bien d'un pacifisme fort que d'une lutte pour les droits des Hommes et de la jeunesse. *Horus* est, enfin, un témoignage puissant des luttes sociales et syndicales, en particulier celles menées par Takahata et Miyazaki et qui les conduiront, près de quinze ans plus tard, à la création du studio Ghibli. Si l'implication de Hayao Miyazaki s'avère encore relativement mesurée, le projet n'en reste pas moins fondateur pour le maître, aussi bien d'une méthode de travail libérée que d'une volonté d'utiliser le matériau filmique pour délivrer un message.

Résumé de l'histoire

Jeune garçon courageux, Horus reçoit l'épée du Soleil de Moog, le géant de roche. Il ramène l'arme à son père mourant qui lui raconte leur fuite du village natal alors attaqué par un monstre, et lui demande de retourner parmi les siens pour les unir contre la menace. Prenant

22. Pour des questions de moyens, aucun voyage de repérage sur place n'avait pu être effectué en amont.

la mer avec l'ours Koro, Horus se fait attraper par un rapace qui le conduit au glacier de Grunwald, un sorcier despote. Horus refuse sa proposition d'alliance et il est laissé pour mort dans la rivière au pied du glacier. Il échoue dans un village où il est recueilli, mais la famine guette les villageois à cause d'un brochet géant qui bloque les poissons. Horus part combattre la bête et l'abat. En revenant au village, il retrouve l'ours Koro. Grunwald, informé par un loup espion, envoie sa meute attaquer le village ; pendant le combat, Horus et Koro suivent l'espion qui les mène dans un autre hameau dévasté où ils rencontrent Hilda, la seule âme vivante au milieu des décombres, et l'invitent à les suivre au village. Plus tard, Grunwald profite des hésitations d'Hilda pour la convaincre de piéger Horus et les villageois ; elle invoque alors une nuée de rats. Horus est discrédité et doit fuir. Hilda lui avoue qu'elle est la sœur de Grunwald et qu'elle a été manipulée par le sorcier. Ce dernier lance une tempête de glace sur le village, mais Horus parvient à rassembler les villageois qui l'aident à forger l'épée du Soleil. Rejoint par Moog, Horus terrasse Grunwald, retourne au village en héros et retrouve Hilda libérée.

UN ACCOUCHEMENT DOULOUREUX VERS UN NOUVEAU SOUFFLE

Au-delà du message politique de cette équipe de jeunes idéalistes, il y a une vraie volonté, insufflée par Takahata et Miyazaki, d'offrir une qualité technique très supérieure à ce qui se faisait alors dans l'animation japonaise. À l'époque, en effet, la japanimation était très codifiée par le rythme et les schémas basiques des séries télévisées, alors qu'*Horus* cherche à offrir des séquences beaucoup plus spectaculaires et détaillées. Évidemment, cela s'en est ressenti sur la durée de gestation et le budget, d'où des conflits répétés entre l'équipe et la production, qui menaça à plusieurs reprises d'annuler le projet. Pour finir la création, Toei Animation a imposé des coupes qui se remarquent très nettement dans le film, notamment à travers deux séquences en plans fixes où le village se fait attaquer, d'abord par des loups puis par des rats. On note également un manichéisme parfois très brut ou un manque de profondeur dans le caractère de certains personnages (Grunwald en particulier, dont les motivations et réels desseins restent inexpliqués, mais aussi Horus dans une certaine mesure) sans qu'on sache les imputer à la production pressante, à la jeunesse et la relative inexpérience de l'équipe en charge, ou à un mélange des deux.

Alors que le planning initial lui donnait huit mois de production, il aura fallu pas moins de trois ans à *Horus* pour voir le jour. Malgré un succès critique, Toei ne le projeta au cinéma que pendant dix jours, ce qui en fit le plus gros échec commercial de son histoire. Takahata, considéré comme responsable, ne fut plus autorisé à réaliser de films au sein de Toei Animation, qu'il quitta trois ans plus tard. Toutefois, *Horus, prince du Soleil* eut un impact très fort, d'abord auprès des étudiants et membres de syndicats qui se retrouvèrent dans le message et la création du film, mais il révolutionna également l'image de l'animation pour de nombreux Japonais qui découvrirent qu'un film animé pouvait s'adresser aux adultes et passer des messages forts.

Hilda : la pierre angulaire

Il faut resituer le contexte historique et politique au Japon lors de la création d'*Horus*. Après la fin de la Seconde Guerre mondiale et sa défaite, le Japon subit l'occupation américaine. Le traité ANPO de 1951, renégocié en 1960 comme « traité de coopération mutuelle et de sécurité entre les États-Unis et le Japon », permet le maintien des troupes et bases américaines sur le territoire japonais, ce qui occasionne une contestation forte et même des manifestations de la population au Japon. À partir de 1964-1965, l'intervention armée des États-Unis dans la guerre du Vietnam exploite cette présence géographique sur le territoire nippon pour déployer leurs troupes vers le front. De nombreux Japonais ont regretté cette implication, non choisie et non voulue, de leur pays dans une guerre à laquelle ils ne souhaitaient pas participer. Le personnage fascinant d'Hilda vient exprimer cette dualité et les dissensions existantes entre le Japon et les États-Unis dans le contexte politique de la guerre du Vietnam. Sans établir réellement une position représentative de celle des États dans son duo avec *Horus*, chacun d'eux dévoile des rôles psychologiques témoins des enjeux de l'époque. Isao Takahata expliquera en interview qu'Hilda cristallise les tensions qui pouvaient être ressenties par les GI américains, envoyés dans cette guerre sur la base d'une cause présentée comme juste par leur gouvernement, mais très contestable sur place, et qui le sera de plus en plus par la population mondiale au fur et à mesure que le conflit évoluera. On peut également voir Hilda comme une interprétation du rôle du peuple japonais : forcée d'accepter de devenir sa « petite sœur » lorsqu'elle s'avère la seule survivante du massacre de son village par Grunwald (certains y voient une métaphore du Japon à la fin de la Seconde Guerre mondiale), elle est manipulée par lui et forcée d'exécuter des actions qu'elle ne souhaite pas ni n'assume.

Le long-métrage affiche explicitement le conflit interne chez Hilda, peu après sa rencontre avec Horus, à travers les deux personnages anthropomorphes de l'écureuil Chiro (la bonne conscience) et de la chouette Toto (la mauvaise conscience). Ces deux créatures sont à l'origine une commande de Toei Animation qui voulait que chaque protagoniste de ses films soit accompagné d'un animal, pour plaire au jeune public ; ainsi, Horus est lui-même accompagné de l'ours Koro. Takahata a transformé leur rôle pour les faire devenir l'ange et le démon intérieurs d'Hilda, dont on s'aperçoit au fur et à mesure du film que leur existence tangible n'est pas forcément avérée : ils s'extirpent littéralement de son corps ou de son âme, n'existent pas sans elle, ne montrent pas de personnalité propre. Chiro et Toto ne seraient alors qu'une représentation visuelle des émotions tiraillées de la jeune fille. La personnalité d'Hilda s'étend évidemment au-delà de ce simple clivage somme toute manichéen. Elle est le témoin d'un rejet total de l'être humain au sens le plus nihiliste et parfois le plus pervers, contrarié par une lueur d'espoir qui s'amenuise graduellement. En ce sens, elle est sans doute l'une des protagonistes les plus complexes de l'ensemble de l'œuvre de Takahata, alors qu'il s'agit de l'une des premières œuvres de sa filmographie. Hayao Miyazaki réutilisera souvent le motif du tiraillement sur lequel elle est forgée, mais à travers un duo de femmes alter ego : dans *Le Château de Cagliostro* avec Clarisse et Fujiko, que l'on retrouve dans *Porco Rosso* à travers Fio et Gina ; ou encore Nausicaä face à Kushana, relation qui trouve un écho dans *Princesse Mononoké* via la dualité San/Eboshi.

Horus, lui, est beaucoup moins tranché. Souvent interprété à tort comme le héros valeureux, on peut voir en sa figure un aspect beaucoup plus violent et surtout une obsession inexpliquée pour les loups. Le combat de début du film n'en est qu'une introduction, sans que l'on nous précise jamais qui d'Horus ou des loups est l'agresseur initial. Il y a une sorte de lutte acharnée, enragée, presque viscérale, qui semble être l'une des seules motivations d'Horus : se battre, tuer, décimer. Sa relation aux loups est éclatante, mais il en est de même avec le brochet géant, ou encore Grunwald dont le lien psychologique (l'assassinat) n'est pas si éloigné de celui d'Horus. Il n'en faudra pas beaucoup plus pour que les villageois, certes manipulés par le conseiller du chef de clan, le prennent facilement, sans que l'on sache leur donner tort immédiatement, pour le vrai méchant de l'histoire.

ISAO TAKAHATA, LE CONFRÈRE ET MEILLEUR ENNEMI

Né le 29 octobre 1935 à Ujiyamada dans la péninsule d'Ise, à une centaine de kilomètres au sud-est de Kyoto, Isao Takahata (高畑勲) est le petit dernier d'une fratrie de sept. Il grandit à Okayama, ville de taille moyenne située entre Osaka et Hiroshima, où il fera l'expérience de la Seconde Guerre mondiale côté civil. Il voit son intérêt pour l'animation naître de l'émotion ressentie devant *La Bergère et le Ramoneur* (1953) de Paul Grimault et Jacques Prévert, prototype du *Roi et l'Oiseau* (1980). Diplômé de littérature française à l'Université de Tokyo, il intègre le jeune studio Toei en 1959. D'assistant mise en scène sur des séries animées, il devient réalisateur quelques années plus tard. En 1964, il rencontre Hayao Miyazaki à la Toei Animation et, saisissant le talent de ce dernier, le prend sous son aile dans le projet *Horus, prince du Soleil* qu'il réalise entre 1965 et 1968. Takahata enchaîne les studios d'animation plus ou moins parallèlement à Miyazaki et réalise de nombreux épisodes de plusieurs séries animées telles

que ***Heidi, Marco*** ou ***Anne aux pignons verts***. On lui doit également plusieurs moyens et longs-métrages, notamment la réalisation du premier des deux ***Panda Petit Panda*** (1972-1973), de ***Kié la petite peste*** (1981) ou encore de ***Goshu le violoncelliste*** (1982), des films qui cherchent à dépeindre aussi bien la société japonaise que la place de diverses typologies d'individus au sein de celle-ci. Les deux hommes collaborent régulièrement pendant vingt ans jusqu'à devenir ensemble les pères fondateurs du studio Ghibli en 1985, accompagnés de Toshio Suzuki. Dans divers documentaires, on entend Miyazaki appeler Takahata par le surnom « Paku-san » ; ce sobriquet viendrait du fait que l'homme marche dans les bureaux le matin en mangeant son petit-déjeuner, à la manière d'un Pac-Man.

Après la création du fameux studio, Isao Takahata endosse le rôle de producteur sur ***Nausicaä*** et ***Le Château dans le ciel***, réalisés par Miyazaki. Il dirige également un long documentaire en prises de vue réelles, ***L'histoire du canal de Yanagawa*** (1987), qui retrace sur près de trois heures les origines et le fonctionnement des canaux de cette petite ville du sud du Japon, proche de Fukuoka. Puis, il réalise plusieurs films d'animation au sein de Ghibli : ***Le Tombeau des lucioles*** (1988) qui sort en séance commune avec ***Mon voisin Totoro, Souvenirs goutte à goutte*** (1991) et ***Pompoko*** (1994) qui s'avèrent de francs succès critiques et publics et permettent d'asseoir l'autorité du studio au sein de l'animation japonaise. ***Mes voisins les Yamada*** (1999) ne connaît malheureusement pas la même réussite : entièrement réalisé par ordinateur, le film se révèle long et coûteux à produire et ne rencontre pas le public qu'il aurait pourtant mérité. Il signe ainsi un échec commercial retentissant. Isao Takahata retourne ensuite dans l'ombre et ne s'autorise qu'un court-métrage d'une petite minute dans la réalisation chorale de ***Jours d'hiver*** en 2003, où trente-cinq personnalités du cinéma d'animation mondial proposent leur vision du poème collectif éponyme[23] sous la

23. *Jours d'hiver* est l'adaptation d'un « *renku* », à savoir un poème collectif, appelé aussi *Jours d'hiver*, et chacun des trente-cinq courts-métrages est l'adaptation d'une strophe de ce poème.

coordination de Kihachiro Kawamoto et Reiko Okuyama. Il faut attendre 2013 et ***Le Conte de la princesse Kaguya***, inspiré d'une légende fondatrice de la mythologie japonaise, pour que Takahata revienne aux commandes d'un long-métrage d'animation. Le film est nommé aux Oscars en 2014 et, bien qu'il ne remporte pas le prix, son réalisateur rejoint les rangs prestigieux de l'Académie en 2015. La même année, il reçoit le prix de l'Ordre des Arts et des Lettres. Courant 2017, la santé du maître décline pour cause notamment de faiblesses au cœur. Isao Takahata décède le 5 avril 2018 d'un cancer du poumon, à quatre-vingt-deux ans, à l'hôpital Teikyo de Tokyo. Un hommage public lui est rendu par le studio Ghibli le 15 mai de la même année.

Aussi étonnant que cela puisse paraître pour un réalisateur de films d'animation, l'une des particularités de Takahata est qu'il ne dessinait pas. Sa vision était plus terre à terre, plus ancrée dans le réel et souvent moins fantasque que celle de son confrère. Il s'intéressait notamment à la manière dont les choses sont fabriquées et ne faisait pas du divertissement ou du message une priorité de ses travaux. La production de la plupart de ses films était retardée, parfois très longuement, car le réalisateur aimait à être le plus méticuleux possible dans ses choix et propos. Mais il est également fort possible que la déconvenue des ***Yamada*** ait entravé sa confiance en lui et qu'il retarda volontairement les sorties, de peur des réceptions publique et critique.

À partir des années 1990, certaines voix affirmèrent que les relations entre Hayao Miyazaki et Isao Takahata s'étaient détériorées, que les deux auteurs n'échangeaient que rarement et que ces discussions finissaient généralement par des discordes. Le sublime documentaire ***Le Royaume des rêves et de la folie (Yume to kyoki no okoku*** – 2014), qui s'attarde sur leur travail chez Ghibli, montre que chacun restait dans son propre pôle et que leurs rencontres restaient éparses mais semblaient respectueuses.

PANDA PETIT PANDA (1972)

DE FIFI BRINDACIER À MIMIKO

En 1971, trois ans après la sortie de *Horus, prince du Soleil,* Isao Takahata et Hayao Miyazaki quittent Toei Animation pour le Studio A Pro. Ils commencent alors à plancher sur une adaptation animée de la série de romans *Fifi Brindacier,* écrits à partir de 1945 par l'auteure suédoise Astrid Lindgren. Plusieurs mois après le début de la préparation, Miyazaki se rend en Suède pour la rencontrer, mais celle-ci leur refuse l'adaptation. Une série animée de vingt-six épisodes verra finalement le jour en 1998, quatre ans avant le décès de Lindgren, mais pas sous leurs plumes[24]. Ce premier voyage hors d'Asie pour le réalisateur le marquera, et sera notamment réutilisé en matière d'architecture dans la conception de la ville de *Kiki la petite sorcière* plus de quinze ans après. Le projet *Fifi* annulé, les deux collègues se retrouvent avec beaucoup de matériau inexploitable en l'état pour une adaptation, mais qu'ils utilisent en le modifiant légèrement pour travailler sur une idée de moyen-métrage pour enfants. La protagoniste devient une autre fillette du nom de Mimiko, et d'autres animaux sont imaginés pour l'accompagner, notamment le panda et le tigre. Le projet sera malheureusement mis en suspens par la production.

En septembre 1972, la Chine offre deux pandas géants au Japon dans le cadre de la sauvegarde de l'espèce. Les Japonais s'amourachent littéralement de ces animaux qu'ils connaissaient mal. Le zoo d'Ueno, à Tokyo,

24. Il s'agit en l'occurrence d'une collaboration germano-suédo-canadienne, produite par AB Svensk Filmindustri, TaurusFilm, TFC Trickompany Filmproduktion, et Nelvana, et initialement diffusée en France dans l'émission TF! Jeunesse la même année.

ne désemplit pas, et aujourd'hui encore le panda reste la mascotte de ce quartier populaire de la capitale[25]. Le projet de film est alors relancé ; Takahata s'occupera de la réalisation et Miyazaki du scénario ainsi que des décors. パンダコパンダ *Panda Kopanda* (littéralement « Panda petit panda ») est produit en collaboration avec le studio Tokyo Movie, aujourd'hui TMS Entertainment, filiale de SEGA-Sammy. Puisqu'il ne dure que trente-cinq minutes, sa production s'avère extrêmement rapide et le film sort dans les salles japonaises le 17 décembre de la même année. Grâce à son succès public, une suite, intitulée *Panda Petit Panda : Le Cirque sous la pluie*, est réalisée dans la foulée et sort le 17 mars 1973. Les deux moyens-métrages seront ensuite diffusés comme un seul film, l'un à la suite de l'autre, en VHS puis en DVD à l'extérieur du Japon.

Résumé

Mimiko est seule chez sa grand-mère alors qu'un bébé panda (qu'elle appelle Pandy) et son papa s'installent dans la maison et se lient d'amitié avec la fillette, qui joue à la maman dans cette nouvelle famille étonnante. La vie s'écoulait paisiblement, malgré les quelques bêtises de Pandy à l'école quand un policier décide de récupérer les pandas échappés du zoo. Une récompense est promise et deux garçons avec leur gros chien essayent sans succès face à la force des pandas. Pandy se perd et Papa Panda prévient le gardien du zoo. Ils le retrouvent finalement sur une planche dans l'eau, dérivant vers un barrage. Mimiko plonge pour le sauver et Papa Panda ferme le barrage à temps. Après cette aventure, les pandas retournent au zoo chaque jour, mais continuent de dormir chez Mimiko.

Un soir, Pandy découvre un bébé tigre dans son lit, qui intègre vite la famille. Le lendemain, sur le chemin des courses, Pandy et Tigry montent dans un train qui les mène vers le cirque. Mimiko les retrouve et se lie d'amitié avec la maman tigre. La pluie tombe toute la nuit et le lendemain matin, le paysage est tout inondé. Après le petit-déjeuner

25. Un bébé panda, dernier en date de la lignée, est d'ailleurs né en juin 2017 avec un fort suivi médiatique.

sur le toit, Mimiko et les pandas prennent le lit du papa comme une barque et retournent au zoo. Le directeur leur annonce que les animaux ont été emportés par les eaux. Arrivés au cirque, ils libèrent les animaux coincés dans un train à moitié immergé. Pandy et Tigry allument la locomotive qui démarre, mais au bout d'un moment, la voie est interrompue et personne ne semble pouvoir arrêter la machine emballée. Juste avant que le train ne s'écrase dans la mairie, Papa Panda saute devant pour le freiner. Tout le monde les félicite et le cirque devient très populaire.

LE BROUILLON DE *TOTORO*

Miyazaki, qui s'est occupé du design des films, a conçu un grand nombre d'éléments qui seront réutilisés ou cités dans ses œuvres futures, et en particulier dans *Mon voisin Totoro*. C'est la raison pour laquelle on considère souvent *Panda Petit Panda* comme un prototype de son œuvre amirale. Ainsi, le ton est donné dès le générique. Le visuel ainsi que la musique, composée par Masahiko Sato, se montrent très proches de la célèbre chanson *Watashi ha genki* bien connue des maternelles japonaises. Papa Panda ressemble énormément à Totoro dans son aspect global, ses mimiques (ils partagent le même sourire !) et ses animations. D'ailleurs, Pandy s'accroche au ventre de son papa en début de film, de la même manière que les filles et les petits Totoros le font avec leur propre protecteur. Mimiko elle-même s'avère très proche de Mei dans son apparence, alors qu'elle fait plutôt penser à Satsuki dans son comportement. Rappelons que les travaux préparatoires sur *Mon voisin Totoro* n'imaginaient qu'une seule petite fille, point éloquent sachant que Mimiko est plus jeune que Satsuki mais plus âgée que Mei.

À mi-chemin entre l'anthropomorphisme du *cartoon* (le dessin animé américain) et la représentation réaliste de l'animal, Papa Panda est, lui, doué de parole mais crée un décalage étonnant dans sa version originale en japonais : utilisant des formules très polies, il peine étonnamment dans la construction de phrases et son niveau de langage reste proche de celui d'un enfant. Il représente en l'état une prémisse imparfaite à Totoro qui, lui, n'émettra que de merveilleux grognements. D'autres séquences s'avèrent très proches entre les deux films, comme celle où Pandy accompagne Mimiko à l'école, ce que fait Mei avec sa grande sœur. Mais le clin d'œil le plus saisissant est celui fait au policier qui roule sur son vélo dans le premier *Panda Petit Panda* ; au tout début de *Mon voisin Totoro*, on retrouve un homme dans une position rigoureusement identique sur son vélo. Les deux sœurs, qui le voient, se cachent dans le camion. En ressortant, Satsuki laisse échapper cette phrase merveilleuse pour les connaisseurs : « Ouf, j'ai cru que c'était un policier » ! Mais *Totoro* n'est pas le seul film à s'être inspiré de travaux effectués sur *Panda Petit Panda*. Beaucoup plus tard, en 2008, *Ponyo* réutilisera la séquence du déluge nocturne presque plan par plan, jusqu'à la balade sur le lit à travers la ville engloutie par les eaux.

La famille fantasmée

Panda Petit Panda s'avère sans doute le film de Takahata et Miyazaki le plus dédié aux enfants, avec peu de niveaux de lecture différents et un message très basique à destination des spectateurs. À cette époque, les deux réalisateurs ont des progénitures en bas âge. Goro Miyazaki a alors six ans et son petit frère trois ans et demi ; les films sont en partie réalisés pour eux. Cela explique qu'il y ait peu d'éléments d'analyse ou d'idées sous-tendues dans ces moyens-métrages. Un point toutefois mérite que l'on s'y attarde : le contexte familial qui s'organise autour de Mimiko, a priori orpheline et vivant seule avec sa grand-mère. Au début du premier film, cette dernière doit partir pour Nagasaki où se déroule une commémoration de son défunt mari. Sa petite-fille ne l'accompagne pas car elle doit continuer à se rendre à l'école. Cette situation naturellement invraisemblable ouvre la porte, dès le début de l'histoire, à un déroulement du film du point de vue de l'enfant qu'elle est. Les commerçants de la ville et même la police ne s'étonnent pas outre mesure du fait qu'elle doive vivre seule pour une durée indéterminée. Quant aux pandas, elle peut converser avec eux car ils parlent également japonais (ce n'est pas le cas de tous les animaux, notamment ceux du cirque). C'est donc tout naturellement que Papa Panda propose de devenir le père de Mimiko, ce qu'elle accepte. Puis elle se déclare elle-même maman de Bébé Panda ! Il en sera de même avec le bébé tigre dans le second moyen-métrage. Les prises de décisions sur des questions aussi fondamentales se font en quelques secondes, au détriment de tout bon sens, comme un(e) enfant qui s'invente des histoires mettant en scène ses propres jouets. Il transparaît d'ailleurs une étonnante impression de contrôle de Mimiko sur son environnement immédiat.

Les événements se déroulent toujours avec des péripéties amusantes qui trouvent une issue positive. Et toutes les situations les plus absurdes, à commencer par la vie avec des pandas doués de parole, ne choquent pas particulièrement les protagonistes. À partir de la rencontre entre la fillette et les pandas, une vie de famille « normale » se met en place. Mimiko, en bonne mère de famille, se lève pour faire le ménage, la lessive, préparer le petit-déjeuner ainsi qu'un *bento*[26] à Papa Panda. Celui-ci doit selon elle fumer la pipe, lire le journal, puis porter un chapeau pour se rendre au travail. De machiste à première vue, le film offre une vision rapidement féministe, plaçant Mimiko comme une fillette indépendante qui se fait offrir des cadeaux par un papa qui travaille… au zoo ! Quant à la grand-mère, elle est rapidement évincée et voit son rôle réduit à celui d'un simple rouage de scénario, lorsque Mimiko lui écrit des lettres de nouvelles qui servent de comptes rendus au spectateur. Dans le second épisode, d'ailleurs, elle se retrouve même dans une maison de retraite sans autre forme de procès.

26. Le *bento* est l'art populaire et très répandu de la préparation du casse-croûte, ou panier-repas, pour l'extérieur, dans une boîte à compartiments prévue à cet effet.

CONAN, LE FILS DU FUTUR (1978)

UN PREMIER ANIMÉ EN LIBERTÉ

Après quelques années à avoir travaillé dans l'équipe d'Isao Takahata au sein de Nippon Animation, il est décidé en 1977 par le studio de confier à Hayao Miyazaki sa première série animée en tant que réalisateur. La chaîne NHK se voit proposer différents projets, mais l'adaptation finalement retenue est celle du roman de science-fiction postapocalyptique *Après la vague* (*The Incredible Tide*) de l'Américain Alexander Key, publié en 1970. Miyazaki se réapproprie le matériau original, imagine un déroulement plus optimiste, travaille sur la création des personnages et des story-boards avec l'aide de collègues de génie tels qu'Isao Takahata (qui réalisera les épisodes 8 et 9), Yasuo Otsuka (en tant que directeur de l'animation) ou encore Yoshifumi Kondo (animateur-clé). Bien qu'il ait réalisé quelques épisodes de plusieurs autres animés[27], il accouche finalement de la seule série qu'il aura eu la possibilité de créer en entier, à travers vingt-six épisodes d'une petite demi-heure chacun. 未来少年コナン *Mirai shonen Conan* (littéralement « Conan, le jeune garçon du futur ») voit le jour et est diffusée sur la chaîne publique d'avril à octobre 1978. Après neuf mois de production, au moment de la diffusion du pilote, le studio a seulement huit épisodes d'avance et doit compter dix jours à deux semaines pour la réalisation de chaque nouvel épisode. La production travaille donc de concert avec la NHK pour diffuser d'autres programmes dans l'intervalle et lui permettre de terminer la production sereinement. Si, au départ, l'accueil du public se révèle timide, *Conan* conserve aujourd'hui une touche particulière, très caractéristique de

27. Notamment *Lupin III* (*Edgar de la cambriole*) dès 1971, ou encore *Sherlock Holmes* en 1984.

la légendaire conception scénique de Hayao Miyazaki, débutée une décennie plus tôt avec la séquence d'aventure finale du *Chat botté*, et qui inspirera très largement *Le Château dans le ciel*, jusque dans son duo de protagonistes.

Résumé

Vingt ans après une guerre terrible, la Terre est recouverte d'eau à perte de vue. Sur une île reculée, le jeune Conan, doué d'une force immense, vit paisiblement avec son grand-père. Un jour, il découvre la jeune Lana gisant sur le rivage. Il la ramène chez lui où la jeune fille reprend conscience et leur apprend qu'il existe d'autres survivants sur les îles d'Industria et High Harbor (Édénia). Le lendemain, des soldats viennent enlever Lana et le grand-père est mortellement blessé dans l'attaque. Conan alors construit un radeau et part à la recherche de Lana ; il rencontre le jeune Gimsy sur une île où mouille le *Barracuda*, un bateau en provenance d'Industria. Conan et Gimsy montent à bord et arrivent finalement sur l'île. Conan aperçoit Lana enfermée au sommet d'une tour et s'échappe avec elle, mais la jeune fille est emmenée à nouveau sur le *Barracuda* et tous partent à sa poursuite. Conan et Lana échouent finalement sur une île où elle dévoile des talents de télépathie, grâce auxquels elle retrouve son grand-père, le docteur Rao, un scientifique émérite avec qui ils s'enfuient vers Industria dans sa machine volante, qui a besoin d'être réparée. Après une course-poursuite dans les souterrains, ils réparent finalement la machine et retournent vers le *Barracuda*, qui conduit les enfants à High Harbor alors que le docteur reste pour prévenir les sages d'un désastre géologique imminent. Lana retrouve son oncle et sa tante qui l'accueillent chaleureusement, ainsi que Conan et Gimsy à qui ils présentent la communauté. Les hommes d'Industria ne tardent pas à arriver sur un bateau de guerre qui tire sur le village et menace de l'envahir. Lana est touchée, mais Conan la sauve et parvient à faire exploser le bateau. Un tsunami s'abat sur l'île et les villageois en profitent pour reprendre le dessus. Conan, Lana et Gimsy retournent sur Industria à la recherche du docteur, dont ils apprennent qu'il a été capturé et torturé par le despote Lepka. Ce dernier inonde les galeries souterraines pour capturer Lana. Conan parvient à la sauver une fois de plus et, grâce au docteur, ils réussissent à capter l'énergie solaire pour permettre l'évacuation des habitants avant un nouveau cataclysme imminent. Lepka ranime le *Titan*, un vaisseau gigantesque et dangereux, grâce à l'énergie solaire. Conan, Gimsy et le capitaine du *Barracuda* montent à bord pour le saboter. Le *Titan* s'écrase finalement avec Lepka à son bord. Pendant qu'Industria est détruite par un gigantesque tremblement de terre, les habitants évacuent la ville. Lana retrouve Conan mais Rao succombe suite aux blessures qui lui ont été infligées lorsqu'il a été torturé. Plus tard, ils prennent la mer en direction d'une nouvelle île afin d'y fonder un village.

LES RACINES DE L'ŒUVRE DU MAÎTRE

Vingt ans après une terrible montée des eaux, conséquence d'une guerre menée par des armes magnétiques, les quelques survivants d'une humanité décimée continuent de s'affronter : d'un côté Industria et sa course technologique à l'énergie solaire, de l'autre High Harbor et sa vie écologique et paisible. Conan et Lana, les deux jeunes protagonistes, ont déjà cette fascinante figure divine et altruiste. D'une part car leurs capacités sont clairement surhumaines (physique pour lui, télépathique pour elle) et de l'autre puisque leurs intentions restent toujours pures et leurs objectifs fixés pour leur survie réciproque puis celle de l'humanité. Ils forment alors un contrepoids équilibré avec Lepka, rare véritable « méchant » de Miyazaki qui, avec le comte de *Cagliostro* et Muska de *Laputa*, sera un des seuls punis par la mort sous le crayon du maître. Mais *Conan, le fils du futur* n'en oublie jamais d'être drôle, attachant et terriblement inventif ; en cela il préfigure assez largement du talent de l'artiste que l'on retrouvera distillé dans toute son œuvre. On y trouve même en Lana et Monsley le prototype final de ses « deux sœurs », cette double facette de la femme que l'on reconnaîtra dans quasiment tous ses films suivants.

Ainsi, après un démarrage sur la base de fortes références à *Horus*, *Conan* s'en émancipe jusqu'à devenir ni plus ni moins que la pierre angulaire de la création de Hayao Miyazaki. Il s'y sent éminemment libre et cette largesse d'imagination se ressent dans plusieurs séquences, telle que celle fameuse, dans le huitième épisode, où Lana fait du bouche-à-bouche à un Conan coincé sous l'eau[28]. L'animé marque également un croisement passionnant entre deux facettes du créateur, de l'idéaliste qui livre parfois un message quasi épicurien vers le pessimiste et sa perte d'espoir en l'humanité. À partir de *Conan*, presque chacune de ses productions sera marquée de cette forme de désespoir, élégamment masquée par les aventures et les dualités de protagonistes. Et cela, pour la première fois, l'animé sait manier cette ambivalence avec une étonnante pondération. L'univers a beau avoir été ravagé par la folie des hommes, il y reste toujours une échappatoire, un espoir en l'avenir.

Plusieurs années après la diffusion, Miyazaki rempile en 1983 avec la réalisation d'un film d'animation pour compléter les aventures de Conan : *La Renaissance de la machine géante* prend alors la forme d'un moyen-métrage de 50 minutes diffusé sur la NHK en tant qu'épisode spécial. Une suite à l'animé original, intitulée *Conan, le fils du futur 2 – Aventure de Taiga* voit le jour en 1999 et vingt-quatre épisodes sont diffusés sur la chaîne TBS pendant près de six mois, mais aucun des animateurs de la série originale n'aura travaillé sur cette suite. *Conan* a également connu trois adaptations en jeux vidéo, phénomène qui restera inédit dans la carrière de Miyazaki : d'abord en 1992 sur le Super CD-Rom de la PC Engine/Turbografx-16, développé par Telenet Japan, puis en 1995 sur 3DO par Bandai Visual, et enfin sur PlayStation 2 en 2005 par D3 Publisher en 3D *cel-shading*[29]. On note même une version *pachinko*[30] produite en 2011 et basée sur l'univers et les personnages de la série.

28. Notons que cet épisode a été réalisé par Isao Takahata.
29. Appelée également « *toon-shading* » ou « ombrage de celluloïd » en français, il s'agit d'une technique d'éclairage qui réduit la palette de couleurs et accentue les contours pour leur donner un aspect bande dessinée ou *cartoon*.
30. Jeu de machine à sous fonctionnant avec des billes, extrêmement populaire au Japon.

LE CHÂTEAU DE CAGLIOSTRO (1979)

EXPLOITER LUPIN, UN PROTAGONISTE PRÉEXISTANT

Un an après la diffusion de *Conan, le fils du futur*, ルパン三世カリオストロの城 *Lupin Sansei – Cagliostro no Shiro* (littéralement « Lupin le troisième – Le château de Cagliostro ») est le premier long-métrage d'animation réalisé par Hayao Miyazaki. Succès d'estime, il aura réussi à faire mouche parmi les amateurs d'animation japonaise et de cinéma en général. À bien des égards, il s'avère évidemment fondateur de l'œuvre du maître. Si, en plus de la réalisation, Miyazaki s'est occupé du scénario et des décors, le protagoniste Lupin possède déjà à l'époque sa propre longue histoire indépendante. Au Japon, Lupin Sansei fut imaginé en 1967 par le mangaka Monkey Punch, s'inspirant librement d'Arsène Lupin, personnage renommé créé par l'écrivain français Maurice Leblanc. Le Lupin japonais serait, selon les mots de son créateur, le petit-fils d'Arsène, mais seulement à demi-mot car « Arsène Lupin » est une marque déposée. C'est pourquoi ses localisations l'appellent tour à tour Wolf ou Cliff Hanger (aux États-Unis) ou encore Edgar de la cambriole (en France). La série de mangas initiale *Lupin Sansei* compte quatorze volumes scénarisés et dessinés par Monkey Punch, édités de 1967 à 1972, rejoints par dix-sept volumes de *Shin Lupin Sansei* de 1977 à 1981. Depuis, de nombreux autres mangas ont vu le jour, dont on doit rarement le scénario à l'auteur original et dont le dessin a été confié à plusieurs mangakas successifs.

L'histoire initiale de Monkey Punch présente Lupin comme un cambrioleur hors pair, arriviste et pervers, accompagné de ses complices Jigen le tireur d'élite et Goemon le maître épéiste. Ils parcourent le monde à la recherche de trésors, croisant parfois la route de la mystérieuse Fujiko, parfois alliée, parfois ennemie, et échappant à l'inspecteur

Zenigata. Il est à noter que le manga original comporte des scènes violentes et érotiques, qui ne seront jamais reprises directement dans les versions animées. Le succès du manga *Lupin Sansei* fut tel qu'il sera adapté à de nombreuses reprises : on lui compte ainsi pas moins de quatre séries animées[31], six films pour le cinéma (dont ce *Château de Cagliostro* de Miyazaki est le deuxième), vingt-deux téléfilms ainsi que trois moyens-métrages. Au-delà de *Cagliostro*, Miyazaki coréalisera avec Takahata la première série animée dès le sixième épisode, et dirigera deux épisodes, dont le dernier, de la deuxième série.

Résumé

Lupin et son compère Jigen repartent du casino de Monte-Carlo avec des sacs entiers de billets de banque et réussissent à semer leurs poursuivants avant de s'apercevoir que les billets sont des faux. Leur enquête pour retrouver les faussaires les mène au micro-État de Cagliostro où ils viennent en aide à Clarisse, princesse d'une des deux familles aristocratiques de la région, lors d'une course-poursuite en voiture pendant laquelle elle leur laisse involontairement sa chevalière. Ils découvrent que la jeune femme est retenue prisonnière par le vil comte de Cagliostro, issu de l'autre famille, qui souhaite l'épouser pour faire se réunir leurs deux bagues et récupérer ainsi le trésor de la légende locale. Attaqués par ses hommes de main à leur hôtel pour récupérer le bijou, Lupin et Jigen fuient et se réfugient dans les ruines du vaste château de Cagliostro, bientôt rejoints par leur camarade samouraï Goemon. Une fois le soleil couché, Lupin s'introduit dans le château par ses souterrains aquatiques et tombe nez à nez avec sa vieille collègue Fujiko, qui lui révèle que Clarisse se trouve dans une haute tour isolée, où il parvient finalement à se hisser après moult acrobaties. Retrouvant la belle, il lui rend sa chevalière (une réplique, en réalité) avant que le comte ne le jette aux oubliettes. Lupin y découvre les preuves de crimes

31. Vingt-trois épisodes très fidèles en 1971-1972, cent cinquante-cinq épisodes plus romanesques de 1977 à 1980, cinquante épisodes plus en retrait en 1984-1985 puis, plus récemment, treize épisodes plus centrés sur Fujiko en 2012.

politiques et de la fabrication de faux billets, et retrouve Zenigata d'Interpol, à qui il propose une association. Après une course-poursuite rocambolesque, Lupin se fait blesser par balles, perd la bague et est sauvé de justesse avec Fujiko par l'inspecteur. Quelques jours plus tard, il se réveille entouré de ses amis qui lui apprennent le mariage imminent de Clarisse et du comte. Se déguisant en prêtre, Lupin s'introduit dans la cérémonie et dévoile aux médias les preuves des faux billets et crimes perpétrés, avant de s'enfuir avec la princesse dans la tour de l'horloge. Par un tour de passe-passe, le comte parvient à récupérer les chevalières et faire chuter Lupin et Clarisse dans le lac en contrebas. Il active alors les alliances dans un mécanisme de l'horloge dont les aiguilles le coincent et l'écrasent. La tour s'effondre, détruisant l'aqueduc, inondant le château et dévoilant une magnifique cité antique au fond du lac asséché. Poursuivi par la police, Lupin doit déjà fuir et repartir vers de nouvelles aventures.

Cagliostro, la touche Miyazaki

Évidemment, pour son premier film à la réalisation, il n'a pas été simple pour Hayao Miyazaki de s'attaquer à un tel monument de la culture japonaise. Tout le défi résida dans le fait de conserver l'esprit initial de *Lupin Sansei* en lui donnant sa propre touche. Il imagina donc un petit État européen indépendant très proche de Monaco, appelé Cagliostro, où se situe l'action du film. Ce nom est un nouveau clin d'œil à l'œuvre de Maurice Leblanc, qui publia en 1924 le roman *La Comtesse de Cagliostro*, où l'on découvre une certaine Clarisse ; ce livre sera d'ailleurs suivi par *Le Cagliostro se venge*. Quant au nom lui-même, il remonte au XVIIIe siècle : Cagliostro a réellement existé, en tant que faux-monnayeur qui se faisait passer pour un comte !

La majeure partie de l'intrigue du film prend place dans le château éponyme dont Miyazaki a signé toute l'architecture, intérieure et extérieure. On y trouve peut-être là les accents les plus forts du fameux

Roi et l'Oiseau de Paul Grimault[32], qui restera longtemps une référence majeure du réalisateur. Les passages sur les toits du château ou les tours prennent également leur origine dans les dernières séquences du *Chat botté* de Kimio Yabuki pour les studios Toei Animation, sur lequel Miyazaki avait fait ses premières armes quelques années plus tôt. On raconte même que la verticalité du château de Cagliostro aurait inspiré certains mouvements du *Bossu de Notre-Dame* de Disney (1996). Le château semble se trouver entre la France et l'Italie, proche des Alpes que l'on devine dans certains arrière-plans. D'ailleurs, Lupin et Jigen roulent en Fiat 500, alors que Clarisse surgit en Citroën 2 CV. Miyazaki a su installer un cadre propice à l'aventure, mais n'en oublie pas d'aménager des moments de pause contemplatifs. Ces séquences contrastent d'autant plus avec les scènes d'action virevoltantes, et l'ensemble offre un charme fou à cette aventure savamment rythmée. C'est Yuji Ono qui se chargera de la bande-son jazzy, pour la seule et unique fois puisque Miyazaki s'entourera de Joe Hisaishi dès *Nausicaä*, son film suivant. Réalisé en sept mois seulement, *Le Château de Cagliostro* sort finalement sur les écrans japonais le 15 décembre 1979. Il rencontre un franc succès auprès du public, trustant la plus haute marche des films d'animation les plus appréciés au Japon jusqu'à la déferlante *Nausicaä* cinq ans plus tard. Sa cote de popularité le placerait même, dit-on, parmi les films les plus appréciés de Steven Spielberg (*Indiana Jones*, *La Liste de Schindler*) ou encore George Lucas (*Star Wars*). Quoi qu'il en soit, la notoriété et la reconnaissance artistique de Hayao Miyazaki s'envolent réellement avec ce *Cagliostro*.

32. Ou plutôt de la première version de ce célèbre film d'animation, baptisée *La Bergère et le Ramoneur*, qui est sortie en 1953. Paul Grimault et l'auteur Jacques Prévert, scénariste sur le film, désavoueront cette version incomplète, mais elle aura marqué de nombreux artistes, incluant Hayao Miyazaki et Isao Takahata. *Le Roi et l'Oiseau*, dans sa forme définitive, ne paraîtra qu'en 1980, trois ans après le décès de Jacques Prévert. Le film aura ainsi connu l'une des plus longues gestations de l'histoire du cinéma, puisque sa pré-production aura démarré en 1946. Ce sont avant tout des questions d'argent qui ont bloqué aussi longtemps la production du long-métrage.

Les prototypes des personnages se dessinent

Une des composantes notables des films de Hayao Miyazaki est la caractérisation de ses personnages, en particulier de ses protagonistes marqués par une certaine demi-teinte : ils n'explorent quasiment jamais de valeurs extrémistes, dans un sens comme dans l'autre. Pour faire simple, leur développement et leurs motivations sont très éloignés d'un certain manichéisme porté notamment par Disney et d'autres studios d'animation. *Le Château de Cagliostro* vient explorer ces schémas tempérés dans la galerie de ses protagonistes. Lupin, évidemment, se montre le plus représentatif dans sa personnalité contrastée. Sur le papier, il est un hors-la-loi notable, mais dans le film, il est plutôt présenté comme un justicier romanesque qui vient délivrer la princesse du joug maléfique. Cette même Clarisse l'appelle d'ailleurs 泥棒さん *dorobo-san*, littéralement « monsieur le voleur », nonobstant l'aspect péjoratif de son métier pour lui conférer de la sympathie, lui ôtant par là même tout caractère dangereux ou malicieux. D'ailleurs, si Lupin cherche à enlever Clarisse, c'est uniquement dans le but de la délivrer. Le bougre a beau avoir braqué un casino et être reparti avec des montagnes de billets, il les abandonne dès qu'il s'aperçoit que ce sont des faux, alors que leur ressemblance frappante avec des vrais lui aurait permis de les utiliser sans problème. Combien de voleurs auraient une telle morale ? Intelligent, ingénieux et farceur, ses défauts, dont la gloutonnerie ou le coup de foudre rapide (que l'on retrouvera chez Curtis dans *Porco Rosso*), ne le rendent que plus humain. En cela il s'éloigne du personnage initial de Monkey Punch, plus abrupt, rugueux et parfois vicieux.

Ce dernier point marque d'ailleurs une fracture avec l'œuvre originale : le côté érotique, que l'on retrouvera dans beaucoup d'adaptations de *Lupin Sansei*, en est ici totalement absent. À la fin du *Château de Cagliostro*, le baiser attendu dérive des lèvres au front, comme un homme de quarante ans qui s'aperçoit avoir sauvé, non pas une prétendante, mais celle qui pourrait tout aussi bien être sa fille. C'est ce rapport au féminin que l'on retrouvera sous la forme de duos dans beaucoup des films futurs de Miyazaki, mais jamais aussi directement que dans *Porco Rosso*. Le couple Clarisse/Fujiko se montre ainsi très proche de celui formé par Fio/Gina, non à travers leurs actes mais dans le rôle social que ces personnages féminins jouent au sein du triangle amoureux formé avec le protagoniste. Fujiko est l'alter ego de Lupin, une femme désirable qui s'assume, ancienne amante, ici adjuvante mais sans appartenir à l'équipe qu'il forme avec Jigen, bientôt rejoints par Goemon.

Quant à l'inspecteur Zenigata, on comprend rapidement qu'il s'agit de la Némésis de Lupin, qu'il poursuit jusqu'au bout du monde pour le mettre sous les verrous. Toutefois, il n'hésite pas à faire équipe avec Lupin lors de l'épisode des catacombes, et ce jusqu'à la fin du film, ou presque. Monkey Punch avait dit imaginer la relation Zenigata/Lupin comme celle de Tom et Jerry dans le dessin animé éponyme. De la même manière, il est arrivé au chat et à la souris de s'associer pour vaincre un ennemi commun : le chien, qui est, lui, foncièrement et définitivement méchant, ici représenté par le comte de Cagliostro. Aussi entier soit-il dans sa volonté d'attraper Lupin, Zenigata doit rivaliser de malice avec lui pour s'en approcher. Toutefois, il n'est pas prêt à tout au nom de la justice, en témoigne sa déception face au choix de l'ONU, et surtout l'intelligence qu'il a de ne pas profiter de la blessure de Lupin pour le coffrer. Dans ce combat de chefs, il veut certes gagner, mais à la régulière et au mérite. Il n'y a que le comte lui-même qui révèle finalement une absence totale de contraste, créant un personnage que l'on peut souligner comme l'un des seuls vraiment « mauvais » imaginés par Miyazaki, avec Lepka de *Conan, le fils du futur* et Muska du *Château dans le ciel*. C'est la raison pour laquelle il est aussi l'un des rares à mourir sous le crayon de son créateur, emporté par l'aveuglement de sa cupidité. On le conçoit alors aisément comme le pendant définitivement sombre, opposé à l'innocence de Clarisse, qu'il exprime lui-même dans le film en symbolisant aussi clairement les deux familles de Cagliostro.

NAUSICAÄ (1984)

L'ADAPTATION D'UN MANGA FLEUVE

Sur le papier, 風の谷のナウシカ *Kaze no tani no Nausicaä* (littéralement « Nausicaä de la vallée du vent ») est le deuxième film de Miyazaki en tant que réalisateur. Mais il s'agit également de son premier film d'auteur. Alors que *Le Château de Cagliostro* n'était qu'une commande de l'univers déjà existant de *Lupin III*, avec *Nausicaä* Miyazaki réalise l'adaptation du manga éponyme dont il est lui-même l'auteur. Il faut noter que le groupe Tokuma Shoten lui avait refusé le projet d'œuvre originale, car ils souhaitaient réaliser une adaptation d'un univers ayant déjà trouvé son public. C'est ce qui a conduit Miyazaki à concevoir le manga *Nausicaä* en premier lieu. La publication, démarrée en 1982, connaîtra plusieurs interruptions[33] ; il faudra douze ans pour que s'achève l'œuvre originale sur papier. Le film d'animation est commencé alors que la publication du manga a commencé depuis seulement un an. Il s'agit donc pour Miyazaki d'imaginer une synthèse des deux premiers volumes, limités par rapport à ce que sera le scénario touffu et complexe du manga (sept volumes au total). Initialement, il ne souhaitait pas réaliser cette adaptation tant que l'œuvre originale en manga ne serait pas terminée, mais il fut encouragé par le producteur Toshio Suzuki. En ce sens, il apparaît beaucoup plus pertinent de visionner le film avant de se plonger dans le manga, et non l'inverse, comme pour découvrir une merveilleuse introduction à l'œuvre originale et son millier de planches qui l'auront à la fois précédée et succédée. Le succès du film, lui, est incontestable tant au niveau des recettes

33. L'œuvre sera publiée de février 1982 à juin 1983, d'août 1984 à mai 1985, de décembre 1986 à juin 1987, d'avril 1990 à mai 1991, et finalement de mars 1993 à mars 1994.

que de l'appréciation du public, située à 97 % selon les enquêtes de Toei au moment de la sortie. Il permettra à Miyazaki et Takahata de fonder le studio Ghibli.

Il faut noter également que la production de *Nausicaä* signe la rencontre entre Hayao Miyazaki et Hideaki Anno (*Evangelion*). Le réalisateur, qui confia à ce dernier l'animation de la séquence du réveil du Dieu-Géant, en fut très impressionné. Il tiendra depuis Anno en haute estime et en restera proche, jusqu'à lui confier le doublage de Jiro dans son film de 2013, *Le Vent se lève*.

Résumé

Nausicaä, princesse de la vallée du vent, pose son engin volant dans le Fukai (une forêt toxique), l'explore pour découvrir une carapace d'Omu (un insecte géant) et en récupère son gigantesque globe oculaire. Entendant un coup de feu, elle sort du Fukai pour découvrir Yupa, son vieil ami, poursuivi par un Omu, qu'elle secourt en calmant la colère de la bête. Yupa lui présente Teto, sorte de petit écureuil qu'il vient de sauver et qui adopte bien vite la jeune femme. De retour au village, Yupa raconte au roi Jill, très affaibli par l'air toxique, la progression du Fukai, niant chercher l'élu de la légende qui liera à nouveau les hommes et la Terre. Dans la nuit, un énorme navire des Tolmèques, poursuivi par des insectes, s'écrase près du village. Dans les décombres, Nausicaä découvre Lastel, princesse de Pejite, qui meurt peu après. Le lendemain, les Tolmèques envahissent la vallée et leurs soldats assassinent Jill. En furie, Nausicaä les attaque avant d'être arrêtée par Yupa qui s'interpose, la laissant le blesser pour la calmer.

La commandante tolmèque, Kushana, soumet les habitants du village et leur annonce vouloir brûler le Fukai à l'aide d'un Dieu-Guerrier géant que transportait l'avion désormais écrasé. À la nuit tombée, Yupa retrouve Nausicaä dans les souterrains du château où elle cache un jardin secret qui lui a permis d'étudier le Fukai et de comprendre que les toxines proviennent du sol et non des plantes. Le lendemain, Kushana embarque quelques otages, dont Nausicaä, en direction de la capitale tolmèque, mais leurs vaisseaux se font attaquer par Asbel, le frère de la princesse Lastel, qui finit par se faire toucher et s'écrase. Nausicaä, Kushana et les otages, dont les navettes sont également touchées, doivent atterrir d'urgence dans une clairière du Fukai. Rapidement encerclés par des Omus, chacun réagit différemment : Kushana, terrorisée, reste prostrée alors que Nausicaä se laisse examiner paisiblement afin qu'ils se rassurent. Les habitants de la vallée repartent et Nausicaä va secourir Asbel, attaqué. Dans leur fuite, le vaisseau est heurté et tous deux finissent engloutis par les sables mouvants. À son réveil, Nausicaä découvre que l'air est respirable sous la forêt et comprend le processus de purification des poisons du sol par le Fukai. En arrivant ensuite à Pejite, ils découvrent la capitale détruite par les insectes leurrés par les Tolmèques. Leurs habitants cherchent maintenant à faire de même dans la vallée du vent où ils se trouvent actuellement. Ils neutralisent alors Asbel et Nausicaä. La mère de celui-ci aide ensuite Nausicaä à s'échapper du vaisseau afin qu'elle rejoigne son village et déjoue la guerre qui menace.

Des cieux, Nausicaä découvre qu'une armée d'Omus est leurrée par un de leurs bébés suspendu par les gens de Pejite en direction de la vallée. Parvenant à le décrocher, Nausicaä se blesse dans le lac acide en tentant de protéger le bébé Omu qui la soigne instantanément. Pendant ce temps, Kushana finit par réveiller le dieu géant qui commence à tout anéantir avant de s'effondrer. Nausicaä fait front à la charge des Omus et est projetée dans les airs avec violence. Ces derniers s'arrêtent alors et ressuscitent la jeune femme dans un spectacle messianique. Les insectes retournent dans la vallée et le peuple de Pejite reste pour aider à reconstruire le village dans la vallée. Dans le Fukai, une plante a commencé à repousser à côté du casque laissé par Nausicaä.

La figure de Nausicaä dans la littérature

Le personnage de Nausicaa a déjà existé ; ce nom est tiré de la mythologie grecque antique, et plus précisément de *L'Odyssée* d'Homère. Princesse phéacienne, fille d'Alkinoos, Nausicaa voit dans son rêve la déesse Athéna qui lui enjoint d'aller laver son linge pour préparer ses noces. Elle se rend donc au lac avec ses servantes et, une fois le linge lavé, elles jouent à la balle, réveillant ainsi Ulysse échoué non loin. À la vue de cet homme sale, nu et affamé, ses suivantes s'enfuient mais Nausicaa ne prend pas peur. Elle le lave, lui donne des habits et le nourrit, avant de le conduire jusqu'à son père qui lui propose sa main. Mais Ulysse décline et repart bien vite. Nausicaa épousera finalement Télémaque, fils d'Ulysse, avec lequel elle aura un enfant nommé Perseptolis.

Au-delà du nom, l'inspiration du caractère du personnage de Miyazaki se situe plutôt dans le conte *La Princesse qui aimait les insectes* (*Mushi Mezuru Himegimi*) tiré de *Tsutsumi Chunagon Monogatari*[34], lui-même compilé avec d'autres anecdotes dans *Recueil d'histoires désormais passées* (*Konjaku Monogatari Shû*), un ensemble de livres composés de plus d'un millier de contes japonais. Dans cette anecdote, écrite au XIe siècle, une princesse d'une rare beauté s'intéressait aux insectes, en particulier les vers et les chenilles. Elle pensait qu'il fallait regarder les choses avec attention et un œil impartial. Elle ne souhaitait pas se maquiller ni s'embellir, ce qui inquiétait ses parents en vue d'un éventuel mariage et suscitait des commérages autour de sa réputation. On la jugeait étrange et excentrique. Pourtant, elle était la seule à vouloir comprendre l'objectif initial en vue du résultat, d'où son attrait pour les chenilles, alors que tous les autres ne s'intéressaient qu'aux papillons. La Nausicaä de Miyazaki partage ce trait de caractère en ce sens qu'elle est l'une des seules à chercher à comprendre la nature du Fukai (la forêt toxique). Elle aspire à vivre en harmonie avec les insectes, là où tous les autres veulent les anéantir avec la forêt. Dès lors, elle est la clé de l'histoire imaginée par Miyazaki.

L'ŒUVRE ORIGINALE DÉNATURÉE

Le succès de *Nausicaä* au Japon a été très important pour l'époque : près d'un million de spectateurs sont allés voir le film. Cela a relancé la démarche de conception du long-métrage d'animation japonais, délaissé au profit des séries animées déclinées à échelle industrielle.

34. Cela se traduit communément par « Contes du conseiller de second rang de la rive de la rivière ».

À la suite de cette réussite commerciale, le film a été vendu à des producteurs occidentaux sans verrouillage des droits d'exploitation. Le long-métrage original s'est alors vu censuré, découpé et remonté pour convenir au public américain dont on jugeait à l'époque qu'il ne comprendrait pas la vision non manichéiste de Miyazaki en l'état. *Nausicaä* est ainsi devenu *Warriors of the Wind* (« Les Guerriers du vent ») aux États-Unis, traduit en *Le Vaisseau fantôme* ou encore *La Princesse des étoiles* en France, amputé d'environ vingt-deux minutes. Le personnage de Nausicaä est devenu Princesse Zandra ; de nombreuses lignes de dialogues ont été modifiées. Miyazaki a très mal vécu cette localisation déplorable ; il y a fort à parier que cette version terriblement infidèle a pesé très lourd lors de la négociation des accords internationaux avec Buena Vista, une quinzaine d'années plus tard. Comme une demande de pardon, un second doublage américain plus fidèle, réalisé par Disney en 2003, a vu défiler quelques stars du cinéma hollywoodien : Alison Lohman (Nausicaä), Uma Thurman (Kushana), Patrick Stewart (Yupa), Shia LaBeouf (Asbel) ou encore Mark Hamill (maire de Pejite).

POLLUTION ET PURIFICATION

La base du scénario nous fait remonter mille ans avant les événements du film. L'industrialisation à outrance permet des avancées technologiques majeures qui conduisent l'homme à développer des guerriers titanesques, mi-robotiques mi-organiques. Ces géants échappent au contrôle de leurs créateurs et ravagent les civilisations et la planète lors de ce qu'on appelle les « Sept Jours de feu ». Seule une petite partie de l'humanité a survécu. La forêt toxique, le Fukai, s'est développée sur les bases de cette terre polluée, dans laquelle un nouvel écosystème d'insectes géants gravite autour de sortes de scolopendres à coquille : les Omus[35]. Il est intéressant de noter dans le discours de Miyazaki que ce sont les avancées industrielles qui ont mené à la destruction, et donc à un retour à une existence plus proche des racines et de la terre. Les habitants du village de Nausicaä ont un mode de vie

35; En japonais, les caractères utilisés pour écrire 王虫 Omu signifient littéralement « dieu insecte ».

« à l'ancienne » plus modeste, exploitant des ressources organiques. C'est le cataclysme qui a permis cette proximité de l'homme avec un environnement naturel dont il s'était éloigné lors de sa course technologique. Cette nouvelle vie avec le Fukai est inspirée chez Miyazaki par la catastrophe de Minamata : à partir de 1932 et pendant plus de trente ans, cette usine pétrochimique a rejeté des métaux lourds, dont du mercure, dans une baie de Kyushu au sud-ouest de l'archipel japonais. Lorsque la pollution a été stoppée dans les années 1960, la pêche fut interdite dans cette zone, où l'on a constaté depuis une multiplication exceptionnelle des réserves de poisson. Cette nouvelle a frappé Miyazaki sur l'étonnante capacité d'adaptation des organismes vivants.

Selon la légende rapportée par la grand-mère Obaba au début du film *Nausicaä*, la prophétie parle d'un élu qui « renouera le lien perdu avec la terre et guidera les gens vers un pays d'un bleu pur ». Cet être, on le voit sur la tapisserie de la légende, qui constitue le générique d'ouverture du film, et pour laquelle Hayao Miyazaki s'est inspiré de la tapisserie de Bayeux, en Basse-Normandie, brodée au XIe siècle. Pour les hommes, qui craignent la progression du Fukai, la seule solution se trouve dans cette volonté de destruction. Kushana, la princesse tolmèque, souhaite ranimer l'un des géants pour raser la forêt, sans comprendre que cela ne ferait que réveiller la colère des hordes d'Omus. En voulant détruire la source du poison, les humains ne font que précipiter leur propre destruction par la nature elle-même. Nausicaä et son mentor Yupa sont les seuls à étudier l'écosystème du Fukai et à vouloir en découvrir les racines et le fonctionnement. Nausicaä l'apprécie tel qu'il est et cherche des solutions pour faire cohabiter les humains avec la nature. À plusieurs reprises dans le film, elle parvient à se faire comprendre de la faune grâce, notamment, à son absence totale d'animosité. C'est tout à fait flagrant lors de sa rencontre avec Teto qui est immédiatement agressif car apeuré ; l'animal, devant le calme et la douceur de Nausicaä, l'adopte finalement à peine quelques secondes après.

Plus tard, lors de la fuite, les vaisseaux où se trouvent Nausicaä, Kushana, Mito et les otages de la vallée du vent se posent accidentellement sur un nid d'Omus. C'est une représentation très claire de l'équilibre du monde de *Nausicaä* : les insectes n'attaquent que lorsqu'ils sont dérangés ou menacés. Et, alors que Kushana allait leur tirer dessus, Nausicaä l'en interdit et se laisse approcher et analyser par les Omus, qui ne lui détectent pas d'agressivité et donc disparaissent. Elle est ainsi la seule à bouleverser cette spirale néfaste de la destruction. Même Jill, son père dont elle rêve en se revoyant enfant après s'être évanouie dans les sables mouvants, valide ce schéma : le bébé Omu, trouvé par Nausicaä et manifestement inoffensif, doit être sacrifié quelles que soient les supplications de sa fille qui souhaite le protéger. Jill verbalise parfaitement sa pensée : « les hommes et les insectes ne peuvent pas vivre dans le même monde ». On détruit l'autre parce qu'il est différent, apparemment menaçant et parce qu'il vient d'un univers dans lequel on ne peut vivre.

Or Nausicaä fait avec Asbel, au milieu du film, une découverte qui vient corroborer ses théories sur les rejets toxiques. Ses analyses dans son laboratoire l'avaient déjà conduite au fait que si l'air et l'eau étaient purs, les plantes du Fukai ne diffusaient pas de poison. Sous la forêt où l'air est parfaitement respirable, la clé du raisonnement est évidente : les arbres absorbent les poisons millénaires déposés par la pollution des sept jours de feu, les cristallisent et les transforment en sable. Cette synthèse nécessaire à la purification du sol et de l'eau, réalisée par cette nature qui a pourtant été souillée, passe par des rejets toxiques dont l'homme est lui-même le seul responsable. La naissance de nouvelles espèces emmenées par les Omus symbolise la protection de la nature dans cette entreprise de décontamination. Orgueilleux et probablement honteux de ses actions, l'homme n'a pas su transmettre l'origine de cette pollution, c'est pourquoi ses descendants de l'époque du film ne connaissent pas la teneur du Fukai. L'humanité cherche alors à anéantir une forêt délétère sans même comprendre que c'est la nature elle-même qui, depuis mille ans, nettoie des erreurs dont les hommes sont les seuls responsables. La vision altruiste, curieuse et positive de Nausicaä se ressent notamment dans l'utilisation qu'elle fait de son fusil. De son rôle initial d'instrument de mort, la jeune femme le transforme en outil. Ici, à l'aide d'une balle sifflante ou fumigène, elle attire un insecte ou donne sa position ; là, sa poudre lui permet de décrocher le globe de la carapace cristallisée. Jamais, dans ses mains, le fusil ne servira à tuer ni même à simplement neutraliser.

Harmonie de la vie entre espèces

Ces mêmes hommes craignent la charge des insectes géants ou des Omus, qui n'attaquent pourtant que lorsqu'ils sont dérangés (l'atterrissage en catastrophe sur le nid abordé plus haut), menacés (le coup de feu de Yupa qui cherchait à secourir Teto en début de film, le prenant pour un bébé humain) ou provoqués (le leurre constitué par le bébé Omu blessé par l'homme, transporté de Pejite vers la vallée du vent pour attaquer les Tolmèques). Or, ces mêmes Omus ont un pouvoir de régénération dont Nausicaä profitera par deux fois à la fin du film. Il est d'ailleurs intéressant de noter que dans le story-board final, le film devait s'arrêter après la charge des Omus sur Nausicaä. Ce sont ses producteurs, Isao Takahata et Toshio Suzuki, qui ont convaincu Miyazaki d'ériger l'héroïne en légende à travers sa mort et la résurrection. L'acte divin de ces animaux légendaires ressuscitant la princesse vient corroborer l'image de messie que Nausicaä a représenté pendant tout le film. Celle d'une figure qui voit la vraie beauté à travers les êtres, au-delà de l'apparence superficielle, qui se défend de tout manichéisme et qui n'hésite pas à se sacrifier à plusieurs reprises pour ceux qu'elle aime : en enlevant son masque dans le Fukai pour parler à ses hommes, en posant le pied dans le lac acide pour protéger le bébé Omu, et évidemment en faisant face aux milliers d'Omus qui fonçaient vers la vallée du vent. Par la connexion qui s'est établie avec un bébé Omu au cours de son enfance, ce que l'on devine à travers un flashback onirique dans le film, Nausicaä symbolise ce pont entre l'humanité et la nature. La communication est de fait au cœur de l'harmonie entre les espèces. Comme cela est suggéré à plusieurs reprises au cours du long-métrage, les Omus partagent indéniablement une conscience collective ; ainsi, peut-être est-ce par le biais de ce souvenir partagé qu'ils savent que Nausicaä ne représente pas une menace pour eux. Ce qu'elle accomplit avec son ultime acte de bravoure, en protégeant le bébé, finit par résonner chez tous les Omus, qui ressuscitent alors celle qui aura tout fait pour apaiser leur colère.

UNE PROTAGONISTE FAILLIBLE MALGRÉ TOUT

Courageuse, déterminée, aimée et a priori sans peur, Nausicaä est également, et parallèlement, faillible : elle laisse échapper sa colère devant l'assassinat de son père, allant jusqu'à tuer elle-même ses meurtriers avec une violence et une furie incontrôlables, puis le doute l'assaille et elle se met à craindre cette partie d'elle-même qu'elle ne peut maîtriser. Humanisée, Nausicaä n'est pas l'héroïne parfaite qu'il aurait été facile de créer. Elle trouve un alter ego très intéressant en Kushana, revisitée avec Eboshi dans *Princesse Mononoké*, qui n'est pas non plus l'opposante typique mais un personnage tout aussi contrasté, en particulier dans ses motivations (ses membres ayant été dévorés par les insectes géants). Pour sa complexité et son charisme, Nausicaä a en tout cas représenté auprès du public japonais une figure très forte du personnage féminin dans la culture du manga et de l'animation, qui jusqu'alors ne donnait pas des rôles aussi valeureux à des femmes. Et ce, encore aujourd'hui, plus de trente ans après sa naissance. Ses actes n'ont pas été vains : à la fin du film, la vie a repris ses droits dans le sable purifié.

L'artiste français Jean Giraud, dit Mœbius (1938-2012), qui découvrit le film dans les années 1980, fut tellement marqué par le travail de Miyazaki et par le personnage, qu'il décida d'appeler sa fille Nausicaä.

JOE HISAISHI, LE COMPOSITEUR ATTITRÉ

Né le 6 décembre 1950 à Nagano, de son vrai son Mamoru Fujisawa (藤澤守), il se découvre une passion pour la musique avec ses premiers cours de violon à cinq ans. Il entre en 1969 à l'université de musique de Kunitachi, dans le grand Tokyo, avec une spécialisation dans la composition. Il étudie notamment sous l'enseignement de Takeo Watanabe, compositeur célèbre des animés japonais à qui on doit notamment le fameux générique de *Cutie Honey*. Sa première expérience professionnelle dans le métier remonte à 1974 avec la série animée relativement

confidentielle ***Giatrus***. Il enchaîne avec d'autres animés tout aussi mineurs qui lui permettent de se faire la main. Son premier concert public a lieu en 1975. Les années suivantes, il perfectionne sa patte en s'inspirant des musiques électroniques et new age qui sont alors à la mode au Japon, à travers notamment le groupe Yellow Magic Orchestra. Son style part du minimalisme pour ouvrir vers l'orchestral. Fujisawa sort son premier album, ***MKWAJU***, en 1981 et prend alors le pseudonyme de Joe Hisaishi (久石譲), un nom inspiré du fameux trompettiste américain Quincy Jones[36]. L'année suivante, il sort ***Information***, un second album electro-pop minimaliste.

En 1983, il est commandité par Tokuma pour travailler sur la bande originale de ***Nausicaä*** pendant la production du film et se lie d'amitié avec Hayao Miyazaki. Il enchaînera ensuite sur l'ensemble des longs-métrages du réalisateur[37]. En parallèle, il composera pour de nombreuses productions télévisuelles et cinématographiques, parmi lesquelles on pourra citer ***Gundam***, ***Maison Ikkoku*** ou ***Kimagure Orange Road***, ainsi que nombre de films de l'acteur-réalisateur Beat Takeshi Kitano : ***Sonatine***, ***Hana-bi***, ***L'été de Kikujiro***, ***Aniki, mon frère*** ou encore ***Dolls***. Il crée son propre label, Wonder Land, en 1988 et poursuit sa carrière solo en parallèle de son activité reconnue de compositeur de bandes originales. En 1998, on lui confie la bande-son de la cérémonie d'ouverture des Jeux Paralympiques d'hiver de 1998 à Nagano, sa région natale. Il réalise son premier film en 2001, intitulé ***Quartet***, qui recueille des critiques très positives et, la même année, il compose la bande originale du film français ***Le Petit Poucet*** d'Olivier Dahan. En août 2008, son travail est consacré à travers un concert marquant ses vingt-cinq ans de collaboration avec Hayao Miyazaki ; à cette occasion, il dirige le nouvel orchestre philharmonique du Japon (« World Dream Orchestra ») et mille

36. Transformer « Quincy Jones » en « Joe Hisaishi » se fait au prix d'un jeu de caractères et de lectures des transcriptions japonaises, particulièrement complexe à expliquer.
37. Le seul des longs-métrages de Hayao Miyazaki pour lequel Joe Hisaishi n'aura pas signé la musique est donc *Le Château de Cagliostro* (1979). Les deux hommes ne se connaissaient pas à l'époque de la production du film.

deux cents musiciens à travers un événement mémorable dans la fameuse salle Nippon Budokan de Tokyo et ses près de quinze mille spectateurs. Il compose également la musique du jeu vidéo ***Ni no Kuni*** en 2011, sur lequel a travaillé le studio Ghibli (sans Miyazaki), puis sur sa suite ***Ni no Kuni II*** en 2018. Il travaille pour la première fois avec Isao Takahata en 2013 en composant la bande originale du ***Conte de la princesse Kaguya***. En juin de la même année, il est convié à rejoindre les rangs de l'Académie des Oscars en reconnaissance de sa contribution aux films de cinéma. Hisaishi donnera plusieurs concerts à Paris, d'abord au Palais des Congrès en 2017 puis à la Philharmonie en février 2019.

Compositeur prolixe, ainsi que pianiste et chef d'orchestre émérite, Hisaishi a remporté de très nombreuses récompenses pour ses créations. On citera notamment sept prix de l'académie japonaise (équivalent des Oscars ou des Césars) entre 1992 et 2011, ou encore une médaille d'honneur de la part du gouvernement japonais. Au cours de sa carrière, il a signé plus d'une centaine d'albums et même écrit deux romans.

Joe Hisaishi travaille toujours de la même manière avec Hayao Miyazaki. Puisque la production d'un film dure en général deux à trois ans, le compositeur crée d'abord un « *image album* » sur la base de story-boards et de thématiques fournis par le réalisateur. Ces premiers morceaux permettent à Miyazaki de travailler en musique et d'affiner le besoin d'accompagnement du film. Ce n'est qu'à la fin de la production que les morceaux définitifs sont commandés et calés sur le rythme et les séquences du long-métrage, à travers l'affinage exigeant des deux professionnels. Hisaishi pose donc une empreinte très forte sur la conception des films de Hayao Miyazaki, créant une véritable synergie entre l'image et le son. La bande originale du compositeur étoffe les images et les mouvements, les décrit et les accentue, renforce l'aspect poétique des thématiques abordées à l'écran. Il est intéressant de noter que, contrairement à nombre de productions de ses pairs, une des forces des bandes originales composées par Joe Hisaishi réside dans le fait qu'elles fonctionnent parfaitement indépendamment des films pour lesquels elles ont été imaginées. Son style caractéristique utilise un mélange de sonorités japonaises et occidentales ; il ne craint pas de piocher parmi les instruments traditionnels, jusqu'au lyrique, bien qu'il affectionne particulièrement les sonorités et la liberté offertes par le piano. Son travail est si apprécié au Japon que la chanson d'ouverture de ***Mon Voisin Totoro*** est même devenue un hymne des maternelles de l'Archipel.

LE CHÂTEAU DANS LE CIEL (1986)

DE GULLIVER À MIYAZAKI

Le Château dans le ciel est le premier long-métrage sorti officiellement sous la houlette du studio Ghibli fraîchement créé. Hayao Miyazaki y distille d'ailleurs un message en clin d'œil par le biais du code morse entendu à trois reprises au cours du film[38] : on y déchiffre des termes japonais traduisibles en « fidélité/manufacture/studio », une référence à l'ADN de Ghibli qui se définit comme un studio d'artisans, à contre-courant de l'univers de l'animation japonaise.

Les origines du film remontent notamment aux célèbres *Voyages de Gulliver* écrits en 1721 par l'Irlandais Jonathan Swift. Dans la troisième des quatre parties, intitulée *Voyage à Laputa*, l'île éponyme flotte dans les cieux (proche du Japon) ; elle est notamment une représentation de la perte du sens commun des hommes ayant abusé de philosophie spéculative. Mais selon le récit, son rôle dominateur est très fort, à tel point que le placement de Laputa dans le ciel permettrait de priver les habitants de la Terre de soleil ou de pluie, pouvant aller jusqu'à écraser totalement les villes rebelles pour asseoir sa domination. Hayao Miyazaki n'aurait pas lu cette partie des *Voyages de Gulliver*, mais l'idée d'une île céleste l'avait séduit dans sa jeunesse. Les robots gardiens du château seraient, eux, une référence à celui imaginé pour la série animée *Lupin III*. On les rapproche également de la machine du *Roi et l'Oiseau*, œuvre qui, on l'a vu, a grandement marqué Miyazaki. On peut retrouver une représentation en taille réelle d'un de ces robots, sur le toit du musée Ghibli à Tokyo. Miyazaki fait également un clin d'œil à

38. La première très tôt, par Muska, dans le dirigeable. La deuxième interceptée par Dora dans son vaisseau. Et la dernière, beaucoup plus discrète, à peu près au tiers du film.

Nausicaä en montrant quatre renards/écureuils qui jouent sur le robot, dans le jardin de Laputa. Ces petites bêtes sont graphiquement identiques à Teto, l'animal de compagnie de Nausicaä. Une autre inspiration provient du manga *Sabaku no Mao* (« Satan du Désert ») publié par Tetsuji Fukushima entre 1949 et 1956, et que Miyazaki lut pendant son adolescence. L'une des intrigues de ce manga tourne autour d'un bijou qui permet de voler. C'est ce que l'on retrouvera dans le film à travers, évidemment, les cristaux de Laputa et la pierre de Sheeta. Partant de ces bases, Miyazaki voulait toutefois imaginer un monde terrestre qui lui soit propre, situé autour de la Révolution industrielle à la fin du XIXe, début du XXe siècle. À l'initiative du producteur Isao Takahata, une partie de l'équipe du film a donc effectué un voyage dans la vallée de Rhondda au sud du Pays de Galles, dont seront inspirés les décors de la ville minière où travaille Pazu. Lors de ce voyage, Miyazaki a été touché par le mouvement de grève déclenché par les mineurs, face aux difficultés du métier et sa mort lente. L'auteur étant lui-même un ancien syndicaliste, il voulut retranscrire les difficultés rencontrées, mais aussi la sympathie et le courage des mineurs dans le film. Pour ce qui est du jeune couple de héros, Miyazaki souhaitait que son film puisse être vu et accessible à des spectateurs plus jeunes que pour *Nausicaä*. En revenant à un cinéma d'action moins spirituel, il donne un âge plus jeune à ses protagonistes. Ce couple de préadolescents rappelle très nettement sa propre série *Conan, le fils du futur*, ainsi que *Nadia, le secret de l'eau bleue*, série d'animation produite en 1990 par le studio Gainax et basée sur une idée de Miyazaki[39]. Un des frères du réalisateur aurait également confié que les pirates sont une représentation de leur fratrie, et que leur cheffe à poigne, Dora, serait directement inspirée

39. Dans les années 1970, Miyazaki fut contacté par la société de production Tōhō pour soumettre des idées de séries télévisées. Le réalisateur imagina une histoire inspirée du roman *Vingt-mille lieues sous les mers* de Jules Verne, dans laquelle deux adolescents en fuite s'embarqueraient dans une aventure aux côtés du capitaine Nemo, dans son sous-marin le *Nautilus*. Le projet ne déboucha sur rien et Tōhō conserva malgré tous les droits du concept. C'est à la fin des années 1980 que NHK et Tō hō choisirent le studio Gainax pour réaliser une série d'animation. Le pitch imaginé par Miyazaki fut ainsi réexploité. Les points communs entre *Le Château dans le ciel* et *Nadia* sont de fait nombreux : les deux adolescents (dont un héros optimiste et bricoleur), le pendentif/cristal magique lié à l'héroïne, elle-même descendante royale d'une ancienne civilisation légendaire à la technologie avancée (Laputa et l'Atlantide), l'arme de destruction massive utilisée par les antagonistes (le rayon d'énergie produit par Laputa et la Tour de Babel), ainsi de suite. Rappelons enfin que la série *Nadia* a été réalisée par Hideaki Anno (*Evangelion*), révélé par Miyazaki grâce à son travail en tant qu'animateur sur *Nausicaä*.

de leur propre mère. Pour la petite anecdote, Mayumi Tanaka, la doubleuse de la voix japonaise de Pazu, est également celle qui prête sa voix à Luffy, héros de la série animée à succès *One Piece* depuis 1999.

Le long-métrage fera cent quarante mille entrées de moins que son prédécesseur *Nausicaä* au Japon (soit moins 16 %, c'est d'ailleurs le film qui aura le moins rapporté au studio Ghibli dans les cinémas de l'archipel nippon). Il reste cependant très apprécié du public japonais, et Miyazaki l'aurait cité comme son Ghibli préféré. Comme les autres, le long-métrage est régulièrement diffusé à la télévision japonaise (en moyenne, un peu plus d'une fois tous les deux ans) ; presque systématiquement, Twitter voit son record de tweets battu, à plusieurs dizaines de milliers par seconde, au moment où Pazu et Sheeta prononcent « Balse », l'incantation à la fin du film, que de nombreux utilisateurs du réseau social partagent au même moment.

Avant de s'intituler 天空の城ラピュタ *Tenku no Shiro Laputa* (littéralement « Laputa le château dans le ciel »), le film a connu plusieurs titres au cours de la production : *Pazu et le mystère de la pierre volante*, *Pazu et la prisonnière dans le château du ciel* puis *Pazu et l'empire volant*. Le titre de la version internationale par Disney devient seulement *Le Château dans le ciel* car en espagnol, « Laputa » peut vouloir dire « la prostituée » de manière vulgaire.

RÉSUMÉ

Le vaisseau militaire *Goliath*, où se trouve Sheeta, prisonnière de Muska, est attaqué par le gang de pirates de Dora qui cherchent aussi à s'emparer de la pierre bleue de la jeune fille. Profitant de l'agitation, Sheeta s'enfuit mais chute du vaisseau, avant d'atterrir lentement, grâce à sa pierre magique, dans les bras du jeune Pazu qui la ramène chez lui. Le lendemain, après que le jeune homme a raconté la légende de Laputa (une île dans le ciel) découverte par son père, ils sont attaqués par les pirates ainsi que les troupes de Muska et tentent de leur échapper avec l'aide des villageois. Arrivés dans la mine, ils rencontrent le vieux Pom qui leur explique que le cristal pur de Sheeta provient de Laputa. En sortant de la mine, ils sont capturés par Muska et emmenés dans la forteresse de Tedis où gît un robot géant de Laputa. Le militaire révèle à Sheeta qu'elle est la princesse héritière de cette civilisation légendaire, avant de relâcher Pazu. De retour chez lui, celui-ci tombe nez à nez avec le gang de Dora, qu'il convainc de l'aider à sauver Sheeta. Prisonnière, la jeune fille se chante une berceuse qui fait s'illuminer le cristal vers le ciel et réveille le robot géant, qui commence à détruire la forteresse. Pazu arrive juste à temps pour sauver Sheeta mais la pierre tombée de son cou, indiquant la direction de Laputa, est désormais en possession de Muska. Traversant une tempête à bord de leur petit vaisseau, Sheeta et Pazu arrivent finalement à Laputa, désertée, à l'exception d'un robot qui semble pacifique. Les militaires débarquent rapidement, avec les pirates prisonniers, et enlèvent Sheeta. Pazu libère le gang de Dora pendant que Muska atteint avec la jeune fille la salle des opérations, révélant être lui-même également un descendant de Laputa. Il réveille de nombreux robots géants qui attaquent les militaires et détruisent le *Goliath*. Sheeta parvient à s'échapper et, au terme d'une course-poursuite, confie la pierre à Pazu ainsi que le charme destructeur interdit qu'ils prononcent tous les deux, faisant s'effondrer la base de l'île et entraînant Muska dans cette chute. Les enfants et pirates s'échappent à bord de leurs petits vaisseaux pendant que Laputa monte dans les cieux avec la pierre.

Le courage de sortir de l'enfance

Le Château dans le ciel se dévoile avant tout tel un récit du passage à l'âge adulte. Cette phase, généralement ressentie comme difficile, est ici traitée à l'image d'une série d'aventures qui procurent de la liberté, mais font prendre conscience de la responsabilité qu'entraînent les prises de décision. Pazu est courageux et volontaire, il vit seul malgré son jeune âge. La famille de son patron et l'ensemble du village montrent une solidarité et un courage qui transparaissent dans son caractère. Mais il semble parallèlement aspirer à des aventures plus trépidantes, comme le prouve son excitation lorsqu'il raconte l'approche de la légendaire Laputa par son père. Il fait également preuve de capacités intellectuelles hors normes pour son âge, en témoigne la réalisation d'un aéronef dans son atelier. Dès sa rencontre avec Sheeta, par empathie pour l'histoire de la jeune fille, il décide de la protéger de ses poursuivants, quitte à se mettre lui-même en danger. Il comprend rapidement qu'il aura besoin d'une alliance pour parvenir à sauver Sheeta et atteindre Laputa ; ses capacités de discernement et sa connaissance des rapports sociaux lui font choisir les pirates tout en sachant qu'il s'y associe seulement pour cette aventure, ce que Dora a bien compris elle aussi, comme il l'explique à Sheeta dans le cerf-volant. Pazu et Sheeta, tous les deux orphelins, voient plusieurs figures de la parentalité les élever au cours du film. D'abord, le patron mineur de Pazu qui lui enseigne le métier et l'investissement de soi. Ensuite, Papy Pom pour un aspect plus historique voire spirituel. Enfin, le couple (qui n'en est pas un) de Dora et Pépère : elle pour l'aventure puis un côté maternel affectif, lui pour une confirmation de l'apprentissage mécanique de Pazu. Savoir construire, entretenir et réparer les machines volantes dans le monde de Laputa, c'est savoir maîtriser le vecteur de sa liberté. Pour Sheeta plus particulièrement, la transition vers l'âge adulte réside en la compréhension et l'assomption de l'héritage royal, l'amour de toute forme de vie et le don de soi, potentiellement jusqu'au sacrifice, dans le rôle de princesse de Laputa qui lui échoit.

Mais le monde des adultes n'est pas aussi sombre que le laisse à penser Muska : ainsi, les pirates qui aiment à se battre redeviennent doux comme des agneaux face à la candeur et la beauté de Sheeta. Et même Dora, déterminée jusqu'à en être parfois écrasante, ne peut réprimer sa fibre maternelle pour aider le couple de protagonistes durant toute la seconde moitié du film. On retrouvera ces mêmes pirates, faux méchants, dans *Porco Rosso* ; quant à Dora, on lui trouve une relecture dans la Yubaba du *Voyage de Chihiro*. Muska sera d'ailleurs, après Lepka de *Conan, le fils du futur* et le comte de *Cagliostro*, le troisième et dernier « méchant » à mourir sous la plume de Miyazaki. Ce passage à l'âge adulte est également représenté de manière discrète dans le traitement de progression du film. Les premières séquences (la matinée de Pazu et Sheeta, la bagarre entre villageois et pirates, ou encore la course-poursuite dans les mines) sont traitées comme du « *manga eiga*[40] » à la Toei Animation, presque de manière comique alors que la suite (à partir de l'enlèvement de Sheeta) donne un ton beaucoup plus sérieux. Thématiquement, contrairement au visuel, on passe de l'aérien au terrestre, du vertical à l'horizontal, des envolées encore inconscientes jusqu'à la peur du vide et de la chute fatale.

Les dangers d'un pouvoir écrasant

Le film est également une critique de l'appât du gain sans respect pour la nature. L'ensemble de l'armée et ses militaires sont présentés comme une communauté de benêts, avec à leur tête un général plus idiot que méchant. Leurs actes à tous sont vides de sens, non conscients de la portée historique de leur arrivée sur Laputa, cherchant seulement à piller les trésors sans aucun respect pour la vie au sens large. Miyazaki les présente comme une masse sans réflexion personnelle, presque comme une critique de la société japonaise obéissante et policée mais sans esprit d'analyse, aussi abrutie dans la décision destructrice de groupe que dans la fuite lâche. *Le Château dans le ciel* s'inscrit également comme une critique de la quête d'un pouvoir aveugle. Laputa, qui n'est au début qu'une simple légende céleste, devient progressivement une métaphore de la déchéance au fur et à mesure que des éléments de son histoire sont rassemblés. Car elle est le vestige d'une civilisation qui a cherché (et réussi) à régner sur la Terre.

Les Laputiens contrôlaient une technologie extrêmement avancée. Il y a d'abord ce cristal à la puissance démesurée, qui permet de faire voler un arbre gigantesque, ainsi que le jardin et la construction qu'il abrite. Puis, ce bâtiment aux murs sans tain : on n'y voit pas l'intérieur depuis l'extérieur, mais l'inverse est possible comme montré lors de l'exploration de Pazu et Sheeta. Ensuite, évidemment, des robots géants au pouvoir destructeur et aux capacités hors normes, telles que le vol, une résistance extrême aux attaques ou encore une autonomie qui semble corrélée à la présence d'un cristal de Laputa dans les

40. Un des termes originaux de l'« animation » dans les années 1920 ; on a tendance à le rapprocher aujourd'hui d'une animation japonaise plus rocambolesque.

parages. Et enfin, cette arme au bas de l'île, pointée vers la Terre et projetant ce qui semble être un tir de laser pour une déflagration terrible qui rappelle la bombe atomique. La portée de cette arme est telle que, Muska le rappelle peu avant de s'en servir, il s'agirait du « feu sacré qui détruisit Sodome et Gomorrhe », ainsi que des « flèches du Paradis qui rasèrent Ramanaya, Indora et Atlantis ». Cet armement aurait permis à Laputa d'imposer son contrôle sur la Terre, depuis une position céleste, donc métaphoriquement divine et répressive. C'est cette même idée qui est partagée dans les *Voyages de Gulliver*. Pourtant, sept cents ans avant les événements du film, l'île de Laputa fut désertée et ses habitants, ou du moins une partie d'entre eux, revinrent sur terre. Sheeta et Muska sont deux lointains descendants de la famille royale laputienne. L'explication de ce retour à la terre est donnée par Sheeta elle-même en toute fin du film, selon le chant dont elle s'est souvenue. En s'éloignant de la nature et de la terre nourricière, les habitants de l'île se sont perdus et l'on peut imaginer la vacuité de leur position d'alors.

L'acte final commun des deux jeunes protagonistes vient entériner leurs volontés traduites dans leurs actions au long du film. Pazu a pu vérifier la légende et valider le témoignage de son défunt père. Sheeta, elle, a pu renouer avec ses ancêtres et comprendre les erreurs qu'ils ont commises. La destruction de l'arme à la fin est un acte cathartique en ce sens qu'il libère Laputa de son excroissance technologique, lui ôtant ainsi son rôle d'arme de guerre et son emprise sur le Terre, lui soustrayant ce poids qu'elle ne méritait plus de porter. Il en reste un arbre géant[41] et le jardin qu'il abrite dans lequel les robots, dont la fonction semblait si destructrice, profitent avec sérénité de leur existence jusqu'à la fin en protégeant les autres formes de vie, comme ce nid d'oiseau, et en vivant en harmonie avec la faune et la flore. La nature, lentement et délicatement, a ainsi su reprendre ses droits sur la technologie.

41. D'aucuns y voient Yggdrasil, l'« Arbre-Monde » qui relie les différentes parties de l'univers dans la mythologie nordique.

Hideaki Anno, l'ami fidèle

Né le 22 mai 1960 dans la ville d'Ube à l'ouest du Japon, Hideaki Anno (庵野秀明) montre un intérêt pour le dessin et l'animation pendant ses années lycée. Il devient animateur après ses études à l'université des arts à Osaka et fonde le studio Daicon Film en 1982 avec des amis étudiants, parmi lesquels Yoshiyuki Sadamoto. En 1983 il répond à une annonce parue dans le magazine ***Animage***, qui indique rechercher des animateurs pour la conception du film ***Nausicaä de la vallée du vent***. Hideaki Anno rencontre Hayao Miyazaki qui le recrute après avoir consulté ses croquis. Le réalisateur lui confie l'animation d'une des scènes clés du film : le réveil des dieux guerriers géants dans le dernier acte du long-métrage. En 1985, il choisit de ne pas rejoindre Ghibli mais de renommer Daicon en Gainax pour en devenir l'animateur phare. Il y dirige notamment des œuvres d'animation qui deviendront célèbres, ***Gunbuster*** (1988) puis, sur une idée originale de Miyazaki qui reprend des socles communs avec ***Le Château dans le ciel***, ***Nadia, le secret de l'eau bleue*** entre 1990 et 1991. Après une dépression de quatre ans[42], il prend les rênes d'une nouvelle série qu'il porte à bout de bras et dans laquelle il intègre de nombreuses touches personnelles et spirituelles : ***Evangelion*** (1995). L'animé devient rapidement l'une des séries cultes de la japanimation et conserve encore aujourd'hui un statut de référence. Ses deux derniers épisodes, controversés, explorent de l'intérieur l'âme de son protagoniste Shinji et lui ont valu l'ire de nombreux fans déçus de cet épilogue. Le studio produit alors le film ***The End of Evangelion*** (1997), qui réécrit la fin, à travers laquelle Hideaki Anno livre une approche symbolique très ambiguë.

42. Cette dépression est autant due à une relative absence de liberté créative pendant la création de *Nadia* (même si l'on reconnaît sans mal sa personnalité artistique et ses choix esthétiques et thématiques) qu'au stress causé par les déboires de production, notamment le fait d'avoir dû sous-traiter plus d'un tiers des épisodes (ceux se déroulant sur l'île dans la deuxième moitié de la série). Elle est aussi due à des problèmes personnels, Hideaki Anno est un artiste qui est sujet à de nombreuses phases de dépression ; il en a encore connu une importante après la sortie d'*Evangelion 3.0* en 2012 par exemple, l'obligeant à mettre de côté la production du quatrième et dernier film de la tétralogie, et acceptant ainsi de réaliser *Shin Godzilla* pour se changer les idées avant de revenir à *Evangelion*.

Au sein de cette conclusion, il intègre même des flashs textuels de menaces de mort fictives, symbolisant la colère des fans après la diffusion du vingt-sixième et dernier épisode de la série.

Anno dirige ensuite plusieurs projets de Gainax, dont la série animée ***Kare Kano*** (1998), le film en prises de vue réelles ***Love & Pop*** (1998), adapté d'une nouvelle de Ryu Murakami, ou encore le long-métrage ***Cutie Honey*** (2004). Il participe également à plusieurs courts-métrages pour le musée Ghibli dès 2001, dont certains en collaboration avec Miyazaki. En avril 2002, il se marie avec Moyoco Anno, une dessinatrice de manga amatrice de mode d'onze ans sa cadette, connue notamment pour ***Chocola et Vanilla*** (***Sugar Sugar Rune*** en version originale). À la fin de l'été 2006, il fonde le studio Khara qui produira la tétralogie de films ***Evangelion*** (dont les trois premiers sortent respectivement en 2007, 2009 et 2012). Un an plus tard, en octobre 2007, il quitte officiellement Gainax. En 2012, il réalise un court-métrage produit par Ghibli, mêlant prises de vue réelles et effets spéciaux numériques, mettant en scène l'attaque d'un guerrier géant de ***Nausicaä*** sur Tokyo. En 2013, à la demande de Miyazaki qui ne souhaitait pas de doubleur professionnel, il prête sa voix à Jiro, le protagoniste du dernier long-métrage d'animation de Hayao Miyazaki, ***Le Vent se lève***. On lui confie ensuite la réalisation, aux côtés de son ami Shinji Higuchi, d'un nouveau film en prises de vue réelles autour du plus fameux des monstres japonais, Godzilla ; ***Shin Godzilla*** voit ainsi le jour en 2016.

Hideaki Anno se définit comme agnostique[43], toutefois il dira en interview que la spiritualité japonaise, qui considère qu'un esprit se trouve en chaque chose (le shintoïsme), est la plus proche de ses propres croyances. Le réalisateur est végétarien, comme plusieurs de ses protagonistes (Nadia et Rei Ayanami). Il voue un grand respect à Hayao Miyazaki, qu'il dira considérer comme son père spirituel ; ce respect est mutuel depuis l'animation de la séquence des Dieux-Géants de ***Nausicaä***, qui a fortement impressionné le maître.

43. Un choix rare au Japon où les deux religions principales non exclusives, shintoïsme et bouddhisme, couvrent l'écrasante majorité de la population.

MON VOISIN TOTORO (1988)

UN FILM D'ABORD CONSIDÉRÉ COMME MINEUR

Mon voisin Totoro est le quatrième film réalisé par Miyazaki, pas moins onirique que ses précédents, mais sans doute moins épique et plus contemplatif. L'aspect fantasmagorique prend le pas sur l'enchaînement de séquences d'action et d'aventure auquel nous avait habitués le réalisateur. À cause de sa construction moins classique, sans opposants tangibles aux protagonistes, ni objectif à accomplir, on considère parfois *Totoro* comme un film pour enfants, donc à part dans la filmographie de Miyazaki. La réalité n'est évidemment pas aussi simple, mais c'est ce qui expliquera, notamment, la difficulté de Ghibli à vendre le film aux distributeurs lors de sa conception. Devant leur réticence, la production décida à l'époque de sortir *Mon voisin Totoro* en séance commune avec *Le Tombeau des lucioles* d'Isao Takahata, afin de minimiser les risques. Si les entrées cinéma n'ont pas été exceptionnelles (un peu plus de huit cent mille spectateurs en cinq semaines d'exploitation), *Totoro* a fait mouche auprès du jeune public et de leurs parents nostalgiques de leur enfance et des étés à la campagne[44]. C'est à partir de 1990, avec la première diffusion à la télévision japonaise, que la popularité du film et du protagoniste explose. Pour la première fois de son histoire, Ghibli démarre alors le commerce de produits dérivés, et en particulier des peluches Totoro dont le succès est immédiat et renfloue les caisses du studio. Grâce à ces *goodies*, de l'aveu même du studio, *Mon voisin Totoro* est leur film le plus lucratif. Totoro deviendra progressivement la mascotte de Ghibli, au point de figurer

44. Miyazaki expliquera que le film se voulait joyeux et réconfortant, cherchant à montrer la beauté du Japon alors que la plupart des animés de l'époque ne le faisaient pas.

sur le logo du studio. La chanson de son générique, *Sanpo – Watashi ha genki*, est, encore aujourd'hui, apprise et utilisée dans certaines écoles maternelles et élémentaires japonaises, notamment lors des fêtes d'école. Il existe même un astéroïde (numéro 10 160) du nom de Totoro, découvert le 31 décembre 1994 par Takao Kobayashi et qui se situe entre Mars et Jupiter. Le même homme avait également nommé Miyazakihayao le n° 8 883.

Mon voisin Totoro serait rempli d'éléments autobiographiques. Dans le *artbook* du film, Miyazaki explique que l'histoire est censée se passer dans les années 1950 (il était alors enfant/adolescent). On comprend du film que la mère de Satsuki et Mei souffre de tuberculose, ce qui explique son transfert à l'hôpital Shichikokuyama, réputé à l'époque pour son traitement de cette infection. Or, la mère de Miyazaki a lutté contre cette même maladie au cours de l'enfance du réalisateur. Il a grandi notamment à Tokorozawa, dans la préfecture de Saitama, à quelques petites dizaines de kilomètres au nord-ouest de la capitale dans ce qu'on appelle le « grand Tokyo ». La maison où emménage la famille du film pour se rapprocher de la mère malade se trouve à trois heures à pied de l'hôpital, soit environ une quinzaine de kilomètres. De plus, le père travaille en tant que professeur d'archéologie à l'Université de Tokyo, où il doit se rendre chaque jour. Le placement géographique a donc toutes les chances d'être également autobiographique. Mais on peut noter aussi deux autres inspirations flagrantes dans *Mon voisin Totoro*. D'abord, celle de *Panda Petit Panda*, considéré comme le brouillon de *Totoro*. Puis celle d'*Alice au pays des merveilles*, l'œuvre de Lewis Carroll. Cela se ressent notamment lors de la découverte du passage, puis la chute de Mei qui dévale le camphrier jusqu'à l'antre de Totoro, à l'image d'Alice qui suit le lapin blanc et tombe dans le terrier qui la conduit dans un monde onirique. On note également une ressemblance frappante entre le Chat-bus et le chat du Cheshire, dans la face et notamment le sourire.

RÉSUMÉ

Satsuki, Mei et leur père emménagent dans leur nouvelle maison à la campagne pour se rapprocher de l'hôpital où la mère des petites séjourne pour soigner sa tuberculose. En ouvrant les fenêtres à l'étage, elles découvrent des noiraudes, petits esprits de suie. Leurs voisins, Kanta et sa grand-mère, les aident à s'installer. Après une visite à l'hôpital, les fillettes sont rassurées d'apprendre que le séjour de leur mère va bientôt prendre fin. Le lendemain, Satsuki va à l'école et Mei reste jouer dans le jardin pendant que leur père travaille au bureau. Elle tombe nez à nez avec des petits Totoros qui la mènent dans un tunnel sous les arbres au cœur du camphrier voisin, avant de glisser dans une alcôve et atterrir sur le ventre d'un Totoro géant en pleine sieste. Jouant avec lui, elle s'endort bien vite. C'est Satsuki et leur père qui la retrouvent dans le tunnel. Quand elle leur raconte avoir rencontré Totoro, ils la suivent autour du camphrier, mais impossible de retrouver le chemin de la petite fille. Le lendemain après l'école, Satsuki et Mei s'aperçoivent que leur père a oublié son parapluie en partant travailler à l'université ; elles décident donc d'aller l'attendre à l'arrêt de bus. La nuit tombe, la route est déserte et Mei s'endort sur le dos de sa sœur. Soudain, Totoro apparaît ! Satsuki lui prête un parapluie, ce qui l'amuse beaucoup. Il leur donne un sachet de graines. Puis son Chat-bus arrive, il monte dedans et repart aussi vite. Satsuki et Mei plantent les graines dans le jardin. Quelque temps plus tard, les fillettes se réveillent en pleine nuit et découvrent Totoro qui danse autour du potager, qu'elles rejoignent vite. Après la cérémonie, elles s'agrippent à son ventre poilu et Totoro s'envole sur sa toupie magique. Plus tard, alors que leur père est au travail, Satsuki reçoit un télégramme de l'hôpital et fonce chez Kanta pour téléphoner à l'établissement. La sortie de la mère, qui devait intervenir quelques jours plus tard, est reportée. Les fillettes se fâchent et Mei décide de partir toute seule à l'hôpital avec un épi de maïs qu'elle prévoit d'offrir à sa mère. S'apercevant de sa disparition, tout le voisinage se met à la recherche de la petite. Il faudra l'intervention de Totoro et du Chat-bus pour finalement la retrouver, après une grande inquiétude. Les deux sœurs réunies sont conduites à l'hôpital par le Chat-bus, ce qui leur permet de déposer secrètement l'épi de maïs. La sortie de la mère n'est repoussée que d'une semaine. Tout le voisinage est rassuré du retour de Mei et, à la nuit tombée, les Totoros jouent de l'ocarina au sommet de leur arbre.

Que sont Totoro et les esprits de la forêt ?

Le film s'articule principalement autour du personnage de Totoro, dont le caractère fantasmatique est laissé à l'appréciation du spectateur. Ce qu'on sait de lui, c'est qu'il s'agit d'un esprit de la forêt (en japonais, un *yokai*) qui serait âgé de plus de mille ans selon les dires de Miyazaki. Dans le film, on en voit trois différents : O-Totoro (gris et grand), Chu-Totoro (bleu et moyen) et Chibi-Totoro (blanc et petit). Lorsque l'on parle de « Totoro », on se réfère généralement au grand. Des croquis de production montrent le Chat-bus rempli de Totoros. Si dans la version finale du film, il n'en reste plus qu'un, l'histoire laisse un flou autour de son unicité. Cette famille n'est pas tirée de la mythologie japonaise, puisque Totoro a été inventé par Miyazaki lui-même. Sa forme globale est inspirée du monstre appelé « Mononoké » dans le court manga *Princesse Mononoké* du maître publié en 1980[45]. On peut toutefois le voir comme un mélange de chat, de hibou et de tanuki[46]. Son nom, inédit, viendrait d'une mauvaise prononciation par Mei du mot « troll » qui se prononce [*tororu*] en japonais. Elle l'assimile alors au troll de son livre pour enfants auquel Satsuki fait référence, et que leur mère leur lit dans le générique de fin. Mais en réalité, Miyazaki expliquera que personne ne connaît leur véritable dénomination. Les origines de Totoro restent floues, alors que celles du Chat-bus le sont un peu moins : dans le folklore japonais, certains vieux chats de treize ans peuvent changer de forme, c'est ce qu'on appelle « *baké-néko* » (chat-monstre).

Dans la première version du story-board, Totoro devait apparaître dès le début du film, mais le producteur Toshio Suzuki a pris l'exemple

45. Cf. le sous-chapitre dédié à *Princesse Mononoké*, plus loin dans l'ouvrage.
46. Une sorte de raton-laveur des contes et légendes japonaises, longuement décrit dans le film d'animation *Pompoko* d'Isao Takahata, sorti en 1994.

d'*E.T. l'extraterrestre* (Steven Spielberg, 1982) pour faire changer d'avis Miyazaki. Dans la version finale du film, le protagoniste titre n'intervient qu'une fois la première demi-heure passée et totalise seulement quatre interventions, pour moins de quinze minutes de présence à l'écran, soit à peine un cinquième du film.

POURQUOI SEULES LES FILLETTES VOIENT-ELLES TOTORO

Les Totoros, comme les autres esprits de la forêt (noiraudes, Chat-bus et probablement d'autres), ne sont pas visibles ni audibles par les adultes. Ces derniers ressentent leurs mouvements comme des coups de vent, par exemple lors de la course du Chat-bus à la fin ou du vol de Totoro sur sa toupie. Ou encore, dans le cas spécifique des noiraudes (que l'on retrouvera dans *Le Voyage de Chihiro*), ils les voient comme de la simple suie inanimée. Toutefois, lorsque les filles disent en avoir aperçu, la grand-mère explique qu'elle le pouvait également étant petite. Pourtant, après l'incroyable aventure nocturne des filles avec Totoro, en se réveillant pour voir les pousses des plantes, Satsuki pense avoir rêvé alors que Mei affirme que non. Les versions a priori différentes créées par les personnalités des deux filles offrent un point de vue intéressant : Mei, quatre ans, est encore très petite et peut assimiler l'intangible et le fantasmatique à sa réalité alors que Satsuki, dix ans, est montrée comme bien plus responsable lorsqu'elle assume quasiment le rôle de mère à la maison, alors que son père, un écrivain aimant qui travaille sur son deuxième livre, n'est pas montré comme un chef de famille très concerné par les tâches de la vie quotidienne ; sur certains points, elle a dû s'adapter à son absence et grandir trop vite pour son âge[47]. Il est intéressant de noter que dans la version préparatoire du film, Satsuki et Mei n'étaient qu'une seule et même fillette de six ans. Puis, Miyazaki a choisi de scinder son caractère en

47. Heureusement, Miyazaki fait pleurer Satsuki un peu plus tard dans le film, contribuant à la rendre imparfaite et donc plus humaine.

deux personnages distincts[48], afin d'exposer la différence de ressenti qui pouvait exister selon leur âge : dix et quatre ans. La fin du film appuie sur cette dissension pour valider l'existence des esprits de la forêt, auxquels Satsuki fait appel pour retrouver sa petite sœur. Miyazaki a éclairé ce point en précisant que les fillettes ne reverraient plus jamais Totoro, d'où son absence totale du générique de fin. Selon le réalisateur, si Satsuki et Mei étaient restées dans le monde de Totoro, elles n'auraient pas pu revenir dans le monde réel. Le retour de leur mère à la maison marque la fin de cette parenthèse enchantée, pendant laquelle les esprits de la forêt ont pu les accompagner dans cet épisode difficile qu'est la maladie et l'absence de leur mère.

Pour autant, l'existence de Totoro n'est remise en cause que d'un point de vue occidental. Le film joue au départ sur le caractère rural nostalgique auprès du public adulte qui, comme le père des fillettes, peut douter du caractère fantasmatique de la première rencontre de Mei avec les esprits de la forêt. Mais c'est lors de la séquence culte de l'arrêt de bus que la « magie » s'inscrit dans le réel : le poids physique de Mei achève de justifier la présence de Totoro auprès d'une Satsuki que l'on a comprise éveillée. Miyazaki donne une ultime preuve tangible à ces phénomènes paranormaux grâce à l'épi de maïs gravé et posé à la fin sur le rebord de la fenêtre à l'hôpital, écartant toute possibilité de rêve.

Place de la religion et de la spiritualité

Au Japon, deux religions principales cohabitent sereinement : shintoïsme et bouddhisme. On retrouve ce mélange habituel dans *Mon voisin Totoro*. Lors de la scène du retour à la maison sous la pluie, les fillettes s'abritent sous un petit temple bouddhiste face à la statue d'Ojiso-sama, considéré comme le dieu des enfants. C'est une rangée de cette même statue que l'on retrouve en fin de film, devant laquelle

48. Le nom des deux fillettes est d'ailleurs un clin d'œil : Mei est une version japonisée du « *may* » anglais pour le mois de mai, alors que Satsuki fait partie du vocabulaire japonais ancien qui servait à définir ce même mois.

Mei s'assied lorsqu'elle est perdue. Pour les spectateurs japonais, c'est le symbole que la divinité bouddhiste veille sur elle. De même, lorsque la petite famille va visiter le camphrier géant où Mei a rencontré Totoro, ils grimpent dans un sanctuaire shinto, symbolisé par le passage sous un « *torii* » (portail) et par le « *shimenawa* » (corde) qui entoure le tronc de l'arbre. Ces lieux religieux au Japon témoignent de la présence des dieux et esprits, appelés « *kamis* ». Pour autant, dans *Totoro*, les *kamis* n'ont pas de pouvoir magique affectant en profondeur la réalité du monde humain, ce qui explique par exemple qu'ils ne guérissent pas la maladie de la mère. Ils restent toutefois pleins de candeur et d'altruisme, en témoignent leurs actions tout au long du film. Lorsque Satsuki retrouve Mei avec l'aide du Chat-bus, celui-ci change sa destination pour « Shichikokuyama Byoin », l'hôpital où leur mère est en convalescence. On remarque alors que le dernier kanji (caractère japonais) est à l'envers ; cela dénote du caractère enfantin des esprits de la forêt qui ne maîtrisent pas totalement le difficile écrit de la langue japonaise.

Une théorie sur Internet dit que les fillettes (ou tout au moins Mei) décèdent au cours du film, principalement à cause du fait que dans la dernière scène, leurs ombres ne sont pas très visibles. Totoro serait alors une sorte de dieu de la mort qui les accompagnerait vers l'au-delà. Cette idée a été balayée par le producteur Toshio Suzuki lors d'une interview radio sur Tokyo FM au printemps 2015, confirmant les explications déjà données sur le site officiel en 2007.

Mon voisin Totoro connaîtra une suite, intitulée *Mei et le chaton-bus*, sous la forme d'un court-métrage d'une dizaine de minutes diffusé au musée Ghibli de Tokyo à partir de 2003. La fillette y rencontre de nombreux Totoros et Chat-bus de tous âges (dont un Chat-train et une mémé Chat-paquebot !).

KIKI LA PETITE SORCIÈRE (1989)

DE LA NOUVELLE POUR ENFANTS AU FILM D'ANIMATION

Un an après la sortie commune de *Mon voisin Totoro* avec *Le Tombeau des lucioles*, le studio Ghibli revient sur les écrans de cinéma avec *Kiki la petite sorcière*. Son titre original japonais, 魔女の宅急便 *Majo no Takkyubin*, signifie « le service de livraison de la sorcière ». Le film est librement inspiré d'une nouvelle pour enfants écrite en 1985 par l'écrivaine japonaise Eiko Kadono[49]. Le conte de départ étant relativement court, Miyazaki a choisi de l'adapter et de creuser le caractère de la protagoniste en la mettant face à des péripéties inédites. Arrivée en phase de story-board, un stade déjà avancé de la conception du film, la production a connu deux coups durs. D'abord, la libre adaptation du scénario qui a déplu à l'auteure du conte original. Ensuite, le blocage juridique causé par la puissante entreprise de transport KuroNeko Yamato, dont la récente marque de livraison à domicile porte le nom de « takkyubin », créant ainsi un lien inopportun avec le titre du film. Il aura fallu l'intervention, notamment, d'Isao Takahata pour réconcilier tous les acteurs. Eiko Kadono accepte finalement le scénario de Miyazaki, imposant seulement les clochettes dans les arbres au moment du départ de Kiki. Quant à KuroNeko Yamato, ils deviendront sponsors de la production et bénéficieront de la renommée du film.

Avec ses deux millions six cent mille spectateurs au Japon, *Kiki la petite sorcière* est le premier véritable succès au box-office du studio Ghibli, qui rapportera deux milliards et deux cents millions de yens[50]

49. L'histoire initiale connaîtra de nombreuses suites, toujours écrites par Kadono : en 1993, 2000, 2004, 2007 et 2009. En 2018, l'auteure reçoit le prix Hans Christian Andersen, équivalent du Prix Nobel de littérature pour enfants.
50. Soit environ quinze millions d'euros avec le cours de 1989, l'équivalent de vingt-cinq millions d'euros aujourd'hui.

(pour huit cents millions investis). Il donne du souffle au studio pour ses projets futurs, permet l'embauche d'intérimaires à des postes salariés sur le long terme, ainsi que la création d'une plus jeune équipe formée à l'école Ghibli.

Kiki la petite sorcière a bénéficié d'une adaptation en film en prises de vue réelles au printemps 2014, réalisée par Takashi Shimizu, où la protagoniste est interprétée par la jeune actrice japonaise Fuuka Koshiba. Cette version, malheureusement, ne rend pas hommage au matériau original et, malgré des décors plutôt réussis, fait montre de sérieuses lacunes sur de nombreux plans : scénario, interprétation, effets spéciaux ou encore rythme.

Résumé

À près de treize ans, Kiki respecte la tradition des sorcières et part sur son balai, avec son chat Jiji, s'installer pendant un an dans une autre ville pour terminer sa formation de sorcière. Elle y rencontre le jeune Tombo, ainsi qu'Osono la boulangère, qui lui propose de l'héberger en échange de ses services. Kiki met à profit sa capacité à voler pour démarrer un service de livraison dans la ville. En voulant livrer une peluche pour l'anniversaire d'un petit garçon dans une maison à quelques kilomètres de la ville, elle la fait tomber dans une forêt à cause d'une rafale de vent. En allant la chercher, elle trouve une cabane dans laquelle elle fait la connaissance d'Ursula, artiste peintre. Le lendemain, Tombo donne à Kiki une invitation pour la soirée de son club d'aviation. Au cours de sa livraison de l'après-midi, elle essuie un orage et revient toute trempée, ratant la soirée. Kiki passe quelques jours fiévreuse et alitée, pendant lesquels Jiji fait la connaissance d'une chatte blanche. Une nouvelle livraison manigancée par Osono fait apporter par Kiki un pli à Tombo qui lui montre alors son prototype de vélo à hélice et lui propose de l'essayer pour aller voir un dirigeable amarré dans la ville pour quelques jours, mais après un accident rocambolesque et heureusement bénin, les amis de Tombo arrivent et Kiki s'échappe. En rentrant, elle découvre que Jiji ne parle plus mais miaule, et s'aperçoit que ses pouvoirs s'affaiblissent : elle n'arrive plus à voler sur son balai qui se casse accidentellement. Ursula l'invite dans sa cabane pour lui remonter le moral. Lors d'une livraison chez la vieille dame, elle découvre à la télévision en direct que de grands vents perturbent le décollage du dirigeable et que Tombo est resté accroché à une corde de celui-ci. Elle emprunte un balai à un passant et décolle tant bien que mal pour aller sauver Tombo in extremis. À la suite de cet épisode, Kiki est devenue populaire et écrit à ses parents qu'elle adore sa nouvelle vie.

L'arrivée tardive de Miyazaki dans le projet

Au départ, c'est le jeune Sunao Katabuchi qui devait réaliser le film, mais devant la pression que représentait à l'époque la conception d'un long-métrage pour le studio Ghibli, Miyazaki en reprendra rapidement les rênes. Katabuchi sera finalement rétrogradé en tant qu'assistant sur *Kiki*. À sa sortie, il rejoindra le studio 4°C chez qui il réalisera *Princesse Arete* douze ans plus tard, puis entrera au studio Madhouse.

L'adaptation de Miyazaki développe donc la personnalité de Kiki, afin qu'elle vienne à contre-courant des héroïnes fortes qu'on lui connaissait : Nausicaä, Sheeta du *Château dans le ciel* et même Clarisse de *Cagliostro*. Kiki, bien que sorcière, fait face à des questionnements plus terre à terre, notamment autour de son indépendance qu'elle doit construire au jour le jour dans l'adversité et face à ses propres doutes, ou encore de la rentabilité de son activité pour manger autre chose que des crêpes. Elle est, en ce sens, beaucoup plus proche des femmes japonaises contemporaines. La ville de Koriko, où se déroule l'action de *Kiki la petite sorcière*, s'inspire du premier voyage à l'étranger de Miyazaki, effectué en 1971 en Suède afin d'obtenir les droits d'adaptation de *Fifi Brindacier*. Les décors et paysages de Koriko sont dérivés notamment du Gamla Stan (vieille ville) de Stockholm, et de Visby sur l'île de Gotland, qui l'ont fortement impressionné par leur architecture médiévale. Mais certains y retrouvent également des accents d'autres villes européennes, de Paris à Lisbonne, en passant par Naples et Porto. Selon Miyazaki, l'histoire se place dans une version fantasmée des années 1950, où la Seconde Guerre mondiale n'aurait pas eu lieu.

Le passage de l'enfance à l'âge adulte

L'histoire que développe *Kiki la petite sorcière* consiste en le rite initiatique d'une adolescente qui doit atteindre l'équilibre dans son indépendance, en trouvant sa place dans la société. La ville de Koriko où choisit de s'installer Kiki a tout de la représentation de la grande ville comme Tokyo ou Osaka. La jeune sorcière vivait jusqu'alors dans un village à taille humaine où tout le monde se connaissait ; elle fait face au début du film à la relation impersonnelle des passants et à une certaine forme d'agressivité : klaxons des véhicules, policier qui veut la verbaliser, ou encore Tombo qu'elle trouve trop entreprenant. Kiki éprouve alors une sorte de rejet, a priori lié à sa double différence. D'abord, elle est étrangère à cette grande ville et ses coutumes de fonctionnement. Ensuite, elle est une sorcière, rare dans ce monde. Si les habitants ne sont pas tous surpris d'en voir une, cela reste exceptionnel, en témoigne le vieil homme dans la tour de l'horloge ou la vieille dame. Le conte original précise ce point : la lignée des sorcières s'est affaiblie et raréfiée au fil des âges, d'où l'obligation pour les jeunes sorcières de partir dès treize ans pour une ville où aucune d'elle n'est encore installée. De fait, la survie de l'espèce reste primordiale, bien que ce ne soit pas clairement exprimé.

Contrairement à sa mère, qui concocte des potions, ou à la sorcière qu'elle rencontre lors de son voyage au début du film, qui dit la bonne aventure, Kiki ne maîtrise pas d'autre pouvoir que celui de voler[51]. Elle doit donc se reposer sur son seul balai et monte alors un service de livraison. Malgré la présence de la boulangère Osono et son mari[52] qui la prennent sous leur aile et l'aident à développer son entreprise, Kiki se sent isolée. Cette solitude est renforcée par la radio qui, dans cette ville, ne capte plus que des programmes dans une langue qu'elle ne comprend pas (l'anglais). La petite sorcière a parfois l'impression

51. Au cours de la production, Miyazaki écrivait que des trois cent mille jeunes Japonais qui voulaient devenir mangaka, au moment d'en faire leur gagne-pain, beaucoup se heurtaient à leurs propres limites. L'arrivée de Kiki à Koriko et sa recherche d'indépendance « forcée » ressemblent fortement à une allégorie de ce constat.
52. Le nom de leur boulangerie, « Guchokipanya », est un jeu de mot de l'auteure Eiko Kadono, inspiré du célèbre jeu Pierre-Feuille-Ciseaux (en japonais « *Jan-ken-pon* »). Pierre se dit « *gu* », ciseaux « *choki* » et papier « *pa* ». Enfin, une boulangerie se dit « *panya* ». Si l'on met tout cela bout à bout, on obtient « *Guchokipanya* ».

de ne pas être à sa place, par exemple lorsqu'elle croise dans la rue un groupe d'amies très apprêtées. A contrario, notre protagoniste est la seule condamnée à porter un costume de sorcière dont elle n'aime pas la couleur, un noir qu'elle trouve triste. Son rapport aux autres est biaisé par son manque de confiance en elle. À cause de cela, Kiki refuse de s'ouvrir aux autres adolescents que voulait lui présenter Tombo sous le dirigeable. Elle a probablement été marquée par l'arrogance de la fille à laquelle elle a livré la tourte, qui ne respecte pas le cadeau de sa grand-mère.

L'apogée de cet isolement vient lorsqu'elle ne comprend plus ce que Jiji lui dit et qu'elle casse le balai de sa mère. À ce moment, en apparence, elle a brisé tous les liens (radio, balai et chat) qu'elle conservait d'avec sa vie d'avant, c'est-à-dire son enfance. Cette disparition apparente de ses pouvoirs est symptomatique chez Kiki de la perte de confiance en soi. Pourtant, sans qu'elle ne le comprenne encore, il s'agit également du premier pas vers son indépendance. La relation de Kiki avec Jiji est très spécifique : le livre explique qu'une sorcière est toujours élevée avec un chat noir, ce qui explique pourquoi ils peuvent se parler[53]. Lorsqu'elle commence à ne plus le comprendre, c'est qu'elle entame une passe importante de la construction du moi. Car au-delà de son pouvoir, Kiki est la même que les autres : elle fait le ménage, non pas comme Merlin l'Enchanteur, mais comme tout le monde, avec son balai pourtant magique ; ou encore, lorsqu'elle descend faire ses besoins à l'aube, elle est gênée de ressortir devant le boulanger. Le vol sur son balai, également, joue ce double rôle paradoxal, à la fois de liberté mais également de solitude. Ce passage à l'âge adulte, qui consiste en partie aussi en un renoncement, est formidablement exprimé dans le doublage original japonais du film. Celle qui participe à débloquer Kiki, c'est Ursula, la peintre de dix-huit ans qui s'assume (physiquement, moralement et financièrement) et vit seule dans la forêt. Dans la version originale, cette Ursula est pourtant interprétée par Minami Takayama, la même doubleuse que Kiki ! Elle est ainsi la représentation d'une Kiki adulte qui a passé le cap. D'ailleurs, l'élément déclencheur est un tableau qu'elle a peint, réalisé spécialement

53. À aucun moment du film, Jiji ne parle avec quelqu'un d'autre que Kiki.

pour le film par des enfants à problèmes. Miyazaki a probablement voulu exprimer qu'on trouve du bon en chacun, quelles que soient ses difficultés passagères ou pérennes.

Lorsque Kiki parvient à sauver Tombo de la chute, elle trouve enfin le moyen de faire cohabiter ses origines et capacités de sorcière avec la population de la ville. Elle réussit à exister et trouver sa place dans la société, comme sa mère a su le faire grâce à ses potions qui soignent les afflictions. Les habitants la considèrent même comme une héroïne, c'est-à-dire une personne d'exception ! Le générique de fin corrobore cela et montre Kiki entourée de ses nouveaux amis. Jiji, lui, a également évolué. Kiki et lui n'ont plus besoin l'un de l'autre de la même manière. De peluche amusante et réconfortante pour l'enfant qu'elle était, il est devenu un vrai chat et a fondé une famille avec Lili. Sa relation avec la sorcière n'a plus besoin, désormais, de passer par l'échange verbal. Dans la première version américaine doublée par Disney, pourtant, le *happy end* ne devait pas être assez total pour le public américain. Lorsqu'il retrouve Kiki après qu'elle a sauvé Tombo, il ne miaule pas comme dans la version originale, mais lui dit « Kiki, tu m'entends ? ».

Il faudra attendre 2017 pour retrouver Kiki dans un magnifique court-métrage de quelques dizaines de secondes seulement, réalisé par Eisaku Kubonouchi, commandé par la célèbre marque de nouilles instantanées Nissin Cup Noodle. Dans cette version au rythme effréné, Kiki a dix-sept ans et va au lycée.

TOSHIO SUZUKI, L'INÉVITABLE PRODUCTEUR

Né le 19 août 1948 à Nagoya, Toshio Suzuki (鈴木敏夫) entre à l'université de Keio à Tokyo en 1967 et en sort, cinq ans plus tard, diplômé de littérature. Il commence sa carrière très rapidement, au sein de la grande maison d'édition Tokuma Shoten où on lui confie la section manga du magazine de culture populaire *Asahi Geino*. L'année suivante, il devient rédacteur en chef du supplément *Comic & Comic*, à travers lequel il rencontre des pointures du manga, de l'animation et du cinéma, tel qu'Osamu Tezuka

pour ne citer que lui. Suzuki poursuit ses classes pendant plusieurs années dans la presse au sein de Tokuma avant de devenir en 1978 rédacteur en chef adjoint du nouveau mensuel ***Animage***[54] sous les ordres de Hideo Ogata. Ce rôle lui permet d'approcher Isao Takahata et Hayao Miyazaki, avec lesquels il lie petit à petit une relation d'amitié, à travers des interviews et échanges moins formels. Ces années-là, Miyazaki écrit plusieurs articles et dessine de courts mangas dans le magazine. Après la publication à succès du ***Monde d'aventures et de romances*** en août 1981, Toshio Suzuki souhaite propulser Miyazaki comme réalisateur d'une œuvre originale intitulée ***Le Château maléfique de Sengoku***, mais la maison refuse sous prétexte qu'un film d'animation sans support d'origine ne rencontrera pas son public. Suzuki fait alors débuter la diffusion d'un ambitieux manga dans le magazine : ***Nausicaä*** à partir de février 1982, qui se terminera douze ans plus tard après de nombreuses pauses plus ou moins longues liées aux autres activités de Miyazaki.

Suzuki poursuit son rôle d'entremetteur et convainc Tokuma de produire une adaptation de ***Nausicaä*** en film d'animation à travers le petit studio Topcraft et avec l'aide de Takahata comme producteur. Le film sort sur les écrans dès mars 1984, après moins d'un an de travail. La suite, on la connaît : Toshio Suzuki prend une part active dans la création du studio Ghibli en 1985, comme filiale du groupe Tokuma, mais poursuit son activité principale en devenant rédacteur en chef d'***Animage*** en octobre 1986. Il participe aux comités de production des films Ghibli pendant les quatre premières années d'existence du studio, avant d'entrer officiellement dans la société en 1989 en tant que producteur, à la suite de sa démission de Tokuma Shoten en octobre. C'est en effet avec le succès de ***Kiki la petite sorcière*** que Ghibli salarie ses animateurs et que le studio doit donc trouver une stratégie financière plus pérenne. L'année suivante, avec le départ de Toru Hara, il devient ainsi directeur du studio en continuant son activité de producteur

54. Ce magazine culte consacré au manga et à l'animation japonaise, à destination du grand public, est toujours en publication aujourd'hui après quarante ans d'activité.

des films qui en sortent. En 1996, il conclut l'accord avec Disney/ Buena Vista pour diffuser les longs-métrages du studio hors des frontières japonaises. Lors de la fusion de Ghibli avec Tokuma en 1997, il est intronisé président. Sans jamais abandonner son activité principale, il produira quelques réalisations à l'extérieur du studio tels que les films en prises de vue réelles ***Shiki-Jitsu*** de Hideaki Anno en 2000 et le film collectif en cinq segments ***Killers*** en 2003[55], ou encore ***Innocence : Ghost in the Shell*** de Mamoru Oshii en 2004. Il participera également à la création du musée Ghibli avant son ouverture en 2001 à Tokyo. En 2008, il quitte la présidence pour la gérance de Ghibli et poursuit depuis son rôle de producteur pour les films du studio, rôle qu'il tient naturellement pour le prochain film de Hayao Miyazaki, ***Kimi-tachi wa do ikiru ka*** (que nous traduisons par « Comment vivez-vous ? »). Au cours d'interviews régulières, à la fois Miyazaki et Takahata ne tarissent pas d'éloges sur la place prépondérante de Toshio Suzuki en tant que soutien, meneur, entremetteur et tout simplement ami proche. Chacun d'eux expliquera d'ailleurs qu'il n'y aurait pas eu de studio Ghibli sans Suzuki. L'homme fait preuve d'un talent et d'un flair remarquables pour soutenir les créateurs, convaincre les financiers et mener à bien des projets colossaux. Sa fonction de producteur va bien au-delà de l'acception commune dans le sens où Toshio Suzuki y adjoint un rôle de mentor et conseiller pour impulser différentes directions aux créations de ses proches comme Hayao Miyazaki. Face au caractère têtu voire buté du réalisateur, Toshio Suzuki est d'ailleurs l'un des seuls à pouvoir orienter les travaux de Miyazaki, ou même à lui faire entendre raison sur des sujets qui nécessitent du réalisme tels que les délais de bouclage. D'aucuns lui reprochent toutefois une vision parfois plus mercantiliste (qui appartient pourtant à la casquette de producteur), notamment dans le cadre des travaux médiocres de Goro Miyazaki, que Suzuki a beaucoup poussé contre l'avis des critiques. Depuis les premiers départs en

55. Les cinq courts-métrages ont été réalisés par des cinéastes différents : Kazuhiro Kiuchi, Shundo Ohkawa, Takanori Tsujimoto, Shuji Kawata et Mamoru Oshii.

retraite (maintenant avortés) de Miyazaki, Suzuki a commencé à chercher, peut-être pas tout à fait des successeurs au maître, mais au moins des têtes de proue capables de le remplacer ainsi que Takahata au rang de réalisateurs stars du studio Ghibli.
De manière anecdotique, on le retrouve au doublage très furtif de personnages mineurs dans certains films du studio, tel qu'un samouraï dans ***Princesse Mononoké.***

PORCO ROSSO (1992)

DU COURT MANGA AU MOYEN-MÉTRAGE, JUSQU'AU FILM DE CINÉMA

Comme dans le cas de *Nausicaä*, l'histoire originale de *Porco Rosso* provient d'un manga écrit par Miyazaki lui-même. Il s'agit d'une œuvre très courte intitulée *Hikotei Jidai* (qui signifie « l'ère des hydravions ») et publiée en trois chapitres dans le magazine mensuel japonais de modélisme *Model Graphix* en 1989. L'histoire du manga est plus légère que celle du film : le passé de Marco n'est pas abordé, mais le squelette du scénario est déjà bien présent. D'abord, Porco Rosso sauve une fille des Mamma Aiuto, puis il se fait tirer dessus par l'Américain Donald Chuck (qui deviendra Curtis) et emmène son hydravion chez Piccolo à Milan. Fio, dix-sept ans, le lui rafraîchit et améliore le design, puis Porco défie Chuck pour Fio et l'honneur de l'Italie. Il se dit que le film *Porco Rosso* était au départ une commande de la compagnie aérienne nationale Japan Airlines. Il devait s'agir alors d'un moyen-métrage divertissant de trois quarts d'heure à l'attention des businessmen japonais. Au début de la production, les idées s'accumulèrent et un caractère mélancolique se dessina autour du film ; il fut donc décidé par le studio Ghibli de le transformer en un long-métrage destiné au marché plus classique du cinéma.

Le titre original du film, 紅の豚 *Kurenai no Buta*, signifie littéralement « le cochon pourpre ». Dans le scénario initial du film, l'histoire devait se passer à Dubrovnik en Croatie. Lors de l'écriture, Miyazaki fut ému par la guerre civile dans cette ancienne Yougoslavie : la guerre d'indépendance croate qui démarra à l'été 1990. Le réalisateur choisit alors de situer toute l'action dans la mer Adriatique, entre l'Italie et la

Croatie. La seule exception est le moment où Porco se rend à Milan pour acheter une nouvelle mitrailleuse et des munitions, puis pour faire reconstruire son avion. La conception du film a ceci de particulier que des femmes se trouvaient à tous les postes clés de l'équipe principale qui le réalisa. Selon le producteur Toshio Suzuki, les femmes « travaillent consciencieusement et se démènent jusqu'à la fin ». Miyazaki, féministe convaincu, a tendance à les idéaliser dans ses films et *Porco Rosso*, qui n'y fait pas exception, en est un témoignage très fort sur lequel nous allons revenir ci-après. Il s'agira également du dernier film de Miyazaki intégralement réalisé à la main, sans aucune production assistée par ordinateur. Le box-office japonais, avec ses trois millions d'entrées, a battu le record de l'époque du plus grand nombre de spectateurs au cinéma pour un film d'animation.

Résumé

Sur les côtes de la mer Adriatique, dans les années 1920, Marco Pagot, alias Porco Rosso, un aviateur chasseur de primes à tête de cochon, lutte contre les pirates de l'air Mamma Aiuto et sauve des écolières prises en otage. Le soir même, il se rend au bar de l'hôtel Adriano et y retrouve Gina, une amie d'enfance trois fois veuve d'aviateurs issus de leur groupe d'amis. Les Mamma Aiuto ont engagé Donald Curtis, un pilote américain émérite qui n'a d'yeux que pour Gina. Plus tard, s'apercevant que son moteur faiblit, Porco décide d'aller le faire réviser à Milan. Sur le chemin, il se fait attaquer par Curtis qui le laisse pour disparu. Arrivant enfin chez son ami Paolo Piccolo plusieurs jours plus tard, avec la carcasse de son avion, Porco accepte de confier la rénovation aux femmes de la famille (tous les hommes étant partis) et particulièrement à la jeune Fio qui lui redessine entièrement son avion avec beaucoup de talent. Pourchassé par le gouvernement fasciste, Porco doit décoller en urgence et fait croire qu'il prend Fio en otage pour dédouaner les Piccolo. Curtis rend visite à Gina pour lui déclarer son amour ; voyant l'avion rouge passer au-dessus de l'hôtel, il comprend que Gina est amoureuse de Marco. De retour sur son île, ce dernier est pris en embuscade par les Mamma Aiuto qui lui proposent un duel avec Curtis. Si Porco gagne, Curtis devra payer la facture des réparations ; s'il perd, Fio épousera l'Américain. Le jour du duel, toute l'Adriatique ou presque est présente. L'affrontement fait rage avec beaucoup de talent des deux côtés et les deux hommes finissent par amerrir pour terminer le combat au poing et se mettre K.-O. en même temps, mais Porco se relève finalement avant Curtis pour remporter le duel. L'armée arrivant sur les lieux, Gina embarque Fio et les deux pilotes font diversion pour permettre à tous de s'échapper. Juste avant de partir, Fio donne un baiser à Porco pour le libérer de la malédiction.

POURQUOI MARCO SE TRANSFORME EN COCHON

La première question qui se pose est le pourquoi de la transformation de l'humain en un cochon. Marco Pagot[56], le nom humain de Porco, a rapidement eu un lourd passé à supporter. Miyazaki expliquait lors d'une interview que Marco devait se marier avec son amie d'enfance Gina, lorsque la Première Guerre mondiale éclata. Comme la belle habitait sur une île appartenant au territoire autrichien, en tant que militaire il dut choisir sa patrie et renoncer à épouser celle qu'il avait toujours aimée. Lors d'une bataille de l'été 1918, Marco, alors pilote de vingt-cinq ans dans l'armée italienne, voit ses camarades tomber les uns après les autres. Son meilleur ami Berlini, qui s'est marié l'avant-veille avec Gina, fait partie des morts au combat. L'avion de Marco se retrouve sur une étrange mer de nuages, au-delà de laquelle semblent voler pour toujours les aviateurs décédés, que rejoignent Berlini et les autres sans que Marco n'y puisse rien[57]. C'est la véritable charnière pour lui d'une perte de foi en l'humanité : entre la vacuité de la guerre, l'injustice des morts et la détresse qu'elle occasionne chez leurs proches, ou encore la montée prochaine du fascisme dans le gouvernement italien.

56. Ce nom fut donné en clin d'œil à un ami animateur italien avec lequel Miyazaki avait travaillé sur la série *Sherlock Holmes*.
57. L'image du nuage d'aviateurs décédés est empruntée à l'écrivain anglais Roald Dahl, connu pour *Charlie et la Chocolaterie*. Dans son recueil de dix nouvelles *À tire-d'aile*, celle intitulée *Ils ne feront pas de vieux os* parle d'une scène quasiment identique à celle dessinée par Miyazaki. Dahl a servi dans la Royal Air Force pendant la Seconde Guerre mondiale.

Le producteur Toshio Suzuki raconte qu'il voulait écrire sur l'affiche, au départ, « l'histoire d'un homme qui s'est jeté un sort et est devenu cochon ». Ce fut finalement supprimé de l'affiche, mais Miyazaki a étayé plusieurs fois cette explication depuis lors. Cette « malédiction », c'est Marco lui-même qui se l'est jetée : ne trouvant pas de sens dans le sacrifice pour son pays (alors que les aviateurs se retrouvent tous dans le même nuage quelle que soit leur nationalité), plein de désillusions sur le genre humain, probablement empli d'une certaine haine de lui-même, il n'a plus souhaité rester un homme. Marco peut alors, dans la peau de son alter ego Porco, se laisser aller à la solitude, la cigarette, la boisson[58] et à des activités de chasseur de primes en apparence sans foi ni loi. La réalité est plus tempérée, en témoigne sa clémence envers les pirates de l'air, son manque d'autorité auprès de tous, ou son refus catégorique de tuer. À noter que dans la version japonaise du film, Marco a une voix différente de celle de Porco, probablement pour une dualité plus marquée et montrer les impacts de ses excès d'alcool et de tabac. En version française, Jean Reno double, lui, les deux facettes du personnage.

Mais le visage de Porco est peut-être moins une recherche de liberté qu'une fuite en avant vers tout ce qui pourra l'isoler de cette terre et des humains. Lorsque son avion est détruit par Curtis et qu'il fait face à la privation, Porco exprime ce retour enchaîné à la terre par une image forte : 飛べねえ豚は只の豚だ, soit « un cochon qui ne peut pas voler (dans le ciel) est un simple cochon ». En prenant l'apparence d'un cochon, Marco s'est rendu encore plus dépendant de son avion. L'un des points peut-être les plus étonnants est justement l'acceptation, jusqu'à cette absence totale de surprise, qu'ont les autres protagonistes du visage de Porco. On ne se retourne pas sur lui, même dans une ville très peuplée comme Milan où il n'est pas connu comme le loup blanc. Et si on le dévisage, ce n'est pas pour ce trait étrange, mais pour d'autres raisons totalement indépendantes, liées principalement à son rôle : chasseur de primes d'un autre camp pour les pirates, potentiel

58. La bouteille de vin rouge qui apparaît en bonne place sur un des premiers plans du film, le verre de vin blanc qu'il boit cul sec après avoir trinqué avec Gina, ou encore la commande « comme d'habitude » qu'il fait au bar de l'hôtel Adriano en sont des illustrations.

fauteur de troubles pour la milice fasciste italienne, ou encore compétiteur auquel se mesurer pour Donald Curtis. Porco semble même avoir un certain succès auprès des femmes, comme le montre ce bref échange avec une cliente de l'hôtel Adriano, ou évidemment sa relation à Fio et Gina, sans que sa tête de cochon ne vienne l'entraver.

Porco redevient-il humain à la fin ?

L'action du film prend place dans l'entre-deux-guerres, vraisemblablement lors de l'été 1929 ou 1930, au début de la Grande Dépression. La crise économique fait rage, ce qui explique le départ des fils du grand-père Piccolo dont il dit qu'ils sont partis chercher du travail ailleurs. Au contact de Fio, encore innocente, candide voire idéaliste et extrêmement talentueuse malgré ses dix-sept ans seulement, Porco retrouve peu à peu un certain espoir en l'humanité. Ce processus de réhumanisation passe d'abord par une acceptation psychologique de sa capacité à redevenir un homme, à travers cette nouvelle sociabilisation que lui apporte Fio. Le potentiel retour physique au visage humain se déroule dans un second temps, avec en apparence un peu plus de flou. Nous allons voir qu'au contraire, tout est très clair. Lorsque, encouragé par Gina, il remporte son duel contre Curtis à la fin du film, il permet à Fio d'échapper au mariage « forcé » qui entrait dans les mises du pari ; il évite par là même de rendre une autre femme malheureuse, ce qui lui redonne vraisemblablement un brin de confiance en lui. La jeune Fio, qui en pince probablement un peu pour Porco qu'elle voit comme un modèle, décide de l'embrasser comme elle le lui avait proposé la nuit précédente, pour voir si la légende de *La Princesse grenouille* (蛙の王女) se réalise. C'est ce qu'elle fait à son insu, et à partir de ce baiser on ne verra plus le visage de l'aviateur. Le spectateur s'interroge alors de savoir si Porco est redevenu Marco. Pour beaucoup d'entre eux, ce point n'est pas clair, la faute à une traduction approximative du dernier monologue de Fio, aussi bien dans les sous-titres que dans le doublage. Elle donne pourtant un point de détail crucial à la compréhension du final, très explicite en japonais. Dans le doublage français, Adèle Carasso, la voix de Fio, dit : « Porco n'a jamais donné signe de vie ». Alors que dans la version originale, Akemi Okamura est plus précise : « ポルコは姿を見せてくれなかった », qui signifie plutôt « Porco n'est plus jamais revenu montrer sa figure » ce qui n'exclut absolument pas qu'ils l'aient revu en tant que Marco. Cette thèse est corroborée par plusieurs petits indices. D'abord, lorsque l'on voit Fio survoler l'hôtel Adriano des décennies plus tard, le Savoia pourpre de Marco est garé derrière, pas au « parking » public, mais proche du jardin privé. Ensuite, concernant son pari que Gina a confié à Fio, la dernière scène montre son jardin vide en plein après-midi, alors qu'elle les passait tous à attendre que Marco s'arrête à l'hôtel Adriano pour lui déclarer son amour. Enfin, il y a un dernier petit clin d'œil, dans la séquence du nuage : l'avion de Berlini, premier mari de Gina, portait le numéro 1. Celui de Marco, le numéro 4. Gina explique au début du film que la carcasse de l'avion de son troisième mari a été retrouvée ; il est facile d'extrapoler à quoi ce numéro 4 peut faire référence. Qu'un doublage/sous-titrage change à ce point l'interprétation de la fin est assez édifiant. Pourquoi « Porco [n'aurait-il] jamais donné signe de vie » alors que son avion est manifestement garé à l'hôtel Adriano ? Plus que jamais, avoir connaissance des subtilités de la version originale est indispensable !

Un univers où les femmes décident et agissent

Il existe dans cette aventure d'un été sur l'Adriatique une vigueur incroyable émanant des femmes. Au contraire, la plupart des hommes du film, Porco y compris, semblent s'entretenir dans une guéguerre routinière pas franchement méchante (sans morts, sans balles incendiaires) à l'écart des vraies questions et problèmes tels que ceux du gouvernement fasciste ou de la crise économique. D'autres, tels les fils de Piccolo, ont carrément fui. Quant aux pirates du ciel, ils portent le nom italien de « Mamma Aiuto », qui signifie « maman à l'aide ! ». D'ailleurs, la plupart des hommes du film portent des lunettes ou tout accessoire qui leur cache les yeux, comme s'ils souhaitaient se voiler la face. C'est encore plus marquant avec Porco : la seule fois où l'on aperçoit brièvement ses yeux, c'est dans un miroir, à demi fermés, alors qu'il vient de se débarbouiller. Celles qui sont les vraies décisionnaires, qui mettent la main à la pâte dans le film, ce sont les femmes. Ce sont elles et uniquement elles qui conçoivent le nouvel hydravion de Porco, du design à la fabrication. Elles encore qui, comme Gina, assument leur amour et respectent le choix peut-être idiot d'un homme qui le partage mais ne veut pas se l'avouer, et Gina qui, ouvertement, chante la nostalgie de ses amours perdues avec *Le Temps des cerises*[59]. Elles toujours qui, comme la classe d'écolières de cinq ans à peine, voient une aventure trépidante dans le fait de se faire enlever par des pirates, bousculant alors les rôles comme dans un syndrome de Stockholm inversé lorsqu'elles barbotent autour des hydravions.

Il y a une sorte d'infantilisation naturelle des hommes dans *Porco Rosso*. La peur de Porco de blesser les femmes en assumant son amour pour Gina. Curtis qui tombe amoureux et demande en mariage chaque femme qu'il croise ou presque. Les Mamma Aiuto qui deviennent doux comme des agneaux au contact de Gina, ou qui prennent Fio en amour et en respect alors qu'elle est à peine adulte. Le grand combat de Porco et Curtis qui se finit en vaste blague où les deux aviateurs émérites se lancent des clés à molette et se bagarrent à coups de poing comme dans un « vulgaire » Tex Avery. De grands enfants qui ont gardé leur loisir de jeunesse, l'aviation (lorsque Marco faisait voler Gina pour la première fois dans l'*Adriano*) et en ont fait leur vie quotidienne. *Porco Rosso*, c'est un regard sur la place d'une femme forte, au-delà de la typologie des personnages féminins de Miyazaki, mais aussi sur leur rôle italien dans un pays de l'entre-deux-guerres qui se cherche et suffoque, soumis à de graves bouleversements économiques et politiques. Fio en particulier, en retapant l'avion fatigué de Porco, va être l'adversaire qu'attendait sa misanthropie et lui permettre de redevenir humain, pour finir des jours heureux entouré de Gina et des « vieilles connaissances », comme elle dit, entre l'hôtel Adriano et son hydravion.

59. Une des analyses possibles de cette chanson, écrite par Jean Baptiste Clément en 1866, est justement ce souvenir de l'amour perdu.

PRINCESSE MONONOKÉ (1997)

L'ŒUVRE D'UN MIYAZAKI EN DÉSILLUSION

Depuis *Kiki la petite sorcière*, le studio Ghibli jouit d'une popularité importante au Japon, ainsi que d'une trésorerie confortable, renforcée notamment par le succès du *Pompoko* de Takahata. Cinq ans après un *Porco Rosso* mélancolique, Hayao Miyazaki souhaite explorer une facette plus sombre de son talent de conteur. Sur les bases de *Nausicaä*, il imagine un rapport de force épique et guerrier entre les hommes et la nature. Le projet, ambitieux, aura demandé trois ans de travail de production. Mais ses origines remontent bien avant, à commencer par le manga éponyme de 1980, réalisé par Miyazaki lui-même, inspiré du conte de *La Belle et la Bête*. Cette histoire unique d'une centaine de pages narre les aventures d'une jeune princesse forcée d'épouser un monstre, Mononoke, aux allures de Totoro mais bien plus cruel. L'histoire diffère nettement de ce que sera le film au final[60]. Si, dans la version manga, le titre de « princesse Mononoké » tombe sous le sens, celui du long-métrage peut surprendre, puisque ce dernier se place du point de vue d'Ashitaka et non de San. Pendant un moment, le film devait d'ailleurs s'appeler *Ashitaka Sekki* (littéralement « la légende d'Ashitaka »). Il en fut décidé autrement, vraisemblablement puisque San est le seul personnage qui n'appartienne pleinement à aucun des deux mondes : physiquement humaine, elle est rattachée viscéralement à la forêt.

もののけ姫 *Mononoke Hime* marque également pour Miyazaki le premier de ses longs-métrages commencé sans que le story-board ne soit

60. L'adaptation du manga original a failli se faire après le succès de *Nausicaä*, mais les producteurs de Tokuma Shoten lui préférèrent à l'époque *Le Château dans le ciel*.

achevé. Cette situation inédite, qui a tendance à stresser l'équipe de réalisation, s'explique par le fait que Miyazaki souhaite faire évoluer son rapport aux personnages au fur et à mesure de la production. Par exemple, Eboshi devait initialement être tuée à la fin, mais le réalisateur ne put s'y résoudre, ce qui explique qu'elle se fait finalement « seulement » arracher le bras par la déesse-louve Moro. Usé par son travail de directeur sur le film (le réalisateur a cinquante-six ans au moment de sa sortie), Hayao Miyazaki annonce en interview, peu avant l'arrivée en salle, que *Princesse Mononoké* serait son dernier film réalisé « de cette manière ». Il sous-entendait la vérification personnelle de quatre-vingt mille cellulos (ceux d'animation-clé) sur les cent quarante-quatre mille que compte le long-métrage au total. Les raccourcis journalistiques aidant, il fut rapporté dans la presse qu'il s'agissait de son dernier film. Pour être tout à fait complet, une information peu connue a tout de même son importance. Six mois après la sortie du film, le 14 janvier 1998, Miyazaki quitta le studio Ghibli pour fonder un nouveau studio plus au calme, mais très proche géographiquement de Ghibli. Ce studio fut nommé Butaya, ce qui signifie « maison des cochons ». Toutefois, quelques jours plus tard, Yoshifumi Kondo (réalisateur de *Si tu tends l'oreille*), qui devait lui succéder, mourut tragiquement d'une dissection aortique, ce qui toucha fortement Miyazaki. Le 16 janvier 1999, le réalisateur fit alors son retour officiel auprès de Ghibli.

Pour la petite anecdote, le producteur Toshio Suzuki envoya un colis contenant une épée de samouraï avec le message « *no cuts* » (« pas de coupe au montage ») au producteur Harvey Weinstein, alors chargé de la localisation de *Mononoké* sur le territoire états-unien. Miyazaki, lui, le rencontra à New York pour refuser toutes ses demandes de coupe et il obtint gain de cause.

Résumé

Protégeant son village attaqué par un dieu maudit, Ashitaka, jeune homme de la tribu des Emishis, est touché lui aussi par la malédiction et doit partir avec sa monture, Yakkuru, à la recherche du moyen de lever cette dernière. Sur sa route, il rencontre le moine Jiko qui lui apprend l'existence de la proche forêt du dieu-cerf, où vivent les autres dieux-animaux. Plus tard, il découvre deux survivants d'une attaque des dieux-loups et d'une jeune femme mystérieuse. Ashitaka mène les deux blessés à travers la forêt où ils aperçoivent le dieu-cerf. Ils rejoignent enfin les forges de Dame Eboshi où vit toute une microsociété d'anciens parias qui produit des armes à feu en décimant la forêt. Le lieu est rapidement attaqué par San, la jeune femme qui accompagne les loups. Ashitaka, à l'aide de sa malédiction, s'interpose entre elle et Eboshi mais se fait blesser par balle en repartant avec une San inconsciente. Dans la forêt, elle est prise de compassion lorsqu'Ashitaka lui révèle ses sentiments et elle l'emmène alors auprès du dieu-cerf qui le soigne. À son réveil, il s'aperçoit que sa malédiction s'est étendue sur son bras et, alors qu'il est encore très affaibli, San le nourrit. Pendant ce temps, Jiko forme une alliance avec Eboshi pour ramener la tête du dieu-cerf à l'empereur. Les sangliers, eux, démarrent leur attaque contre les forges qui déciment la forêt, à laquelle San participe. Sur le chemin, Yakkuru est blessé et Ashitaka continue sa route avec l'un des dieux-loups. Le dieu-sanglier, blessé dans la bataille, retourne vers le dieu-cerf, poursuivi par les espions de Jiko. Le dieu-cerf apparaît et entame sa transformation nocturne, mais se fait décapiter par une balle tirée par Eboshi. Sa tête est récupérée par les hommes de Jiko et son corps se délite en une substance noire qui détruit tout ce qu'elle touche, y compris Moro, la déesse-louve, dont la tête coupée et encore en vie arrache le bras tueur d'Eboshi dans un dernier sursaut. Tous se réfugient où ils le peuvent pendant que San et Ashitaka vont récupérer la tête coupée pour la remettre au dieu-cerf, qui reprend sa forme avant de disparaître et laisser de vastes prairies à la place des forêts. San et Ashitaka prennent chacun un chemin différent, même s'ils promettent de se revoir. Eboshi décide de donner un nouveau départ au village.

LE FILM DE TOUS LES RECORDS

Princesse Mononoké marque le premier film du studio Ghibli dans lequel l'infographie tient une place aussi importante. Une centaine de plans (soit une quinzaine de minutes), sur les mille six cents qu'il compte au total, ont été réalisés en animation assistée par ordinateur. Pour cela, la production investit dans des stations de travail Silicon Graphics afin de réaliser de la composition numérique et de l'application de textures, mais également du rendu 3D et des morphings. C'est le cas, notamment, pour certains Tatari-gami (les animaux-dieux de la forêt). Ces effets spéciaux, très impressionnants pour l'époque, surprennent également par la qualité d'intégration très élevée, pourtant rare dans l'animation japonaise : pendant la séance, un œil non averti ne fait pas la distinction entre les plans infographiques et ceux dessinés traditionnellement à la main.

La désinformation autour la retraite de Hayao Miyazaki explique probablement en partie le succès gigantesque de *Princesse Mononoké* au Japon. Alors que Ghibli en attendait quatre, le film fit déplacer plus de quatorze millions de spectateurs, dépassant ainsi le record absolu du cinéma au Japon, détenu jusqu'alors par *E.T.* depuis une quinzaine d'années. Le film sera dépassé au nombre d'entrées par *Titanic*, lui-même rapidement détrôné par *Le Voyage de Chihiro*. *Mononoké* battit également le record du nombre de cassettes vidéo vendues au Japon, avec quatre millions d'exemplaires, loin devant le précédent record d'*Aladdin* de Disney, qui s'élevait à un peu plus de deux millions sur l'archipel nippon. Au total, le budget de deux milliards et trois cent cinquante millions de yens[61] sera très largement récupéré. Quinze ans après sa sortie, *Princesse Mononoké* est même adapté en une pièce de théâtre londonienne supervisée par le studio Ghibli.

Une réécriture de *Nausicaä* ?

On a beaucoup entendu, dans les critiques de *Princesse Mononoké*, qu'il s'agissait d'une redite de *Nausicaä*. Il partage en effet le thème clé de la relation entre les hommes et la nature. À l'époque où la production du film démarre, il s'agit pour Miyazaki du premier film après sa conclusion au manga *Nausicaä*, qui lui aura pris douze ans. Cette histoire, l'une des clés de voûte de son œuvre, fut pourtant adaptée

61. Il s'agit du film d'animation le plus cher de l'histoire au Japon depuis *Akira*, sorti en 1988.

au cinéma en 1984, alors loin d'être mûre dans son esprit. La fin heureuse, en particulier, lui fut imposée par son entourage professionnel. Après dix ans de réflexion autour du rapport entre l'homme et la nature, Miyazaki semble parvenu à un postulat selon lequel il n'existe pas de solution possible dans cette guerre. *Princesse Mononoké* est basé sur cette vision. Là où *Nausicaä* dévoile un environnement post-apocalyptique déséquilibré, *Mononoké* prend place lors d'une étape où la bataille vient de débuter, où le processus de destruction peut encore être arrêté, où des solutions peuvent être trouvées. Comme si ce dernier était une préquelle dans laquelle les hommes cherchent à se développer technologiquement (via les forges ou les armes à feu), ce qui les conduira à la destruction narrée dans *Nausicaä*.

L'idéalisme qui semble avoir déserté Miyazaki n'y est pas plus dans ses protagonistes, même chez Ashitaka. Paradoxalement, il s'agit peut-être là d'un point final de ce regard cynique, comme si avec *Mononoké* le réalisateur voulait mettre un terme à ce chapitre de sa vie caractérisé par cette vision. Ashitaka et San, eux, sont comme le développement des deux facettes de la personnalité de Nausicaä : elle est la combattante en furie qui se laisse déborder par sa haine, et lui, le regard calme à la recherche de réponses. Il est d'ailleurs intéressant d'y noter que le rôle habituel des sexes dans le cinéma est ici inversé. Tous deux enchaînés à la terre, sans jamais de possibilité de s'élever dans les airs, ce que Miyazaki n'avait encore jamais exploré. Mais au-delà de ces caractéristiques, Ashitaka et San montrent un dépassement : s'ils ne croient plus en l'amour absolu pour tous les êtres vivants, ils trouveront, au sein même d'une période destructrice et de désespoir, une rencontre si belle et inattendue qu'elle dépeint la libération de soi.

Pour concevoir la forêt du dieu-cerf, Miyazaki aura effectué une retraite à Yakushima, petite île située au large de Kyushu dans la préfecture de Kagoshima, tout au sud du Japon. En hommage au film, l'une des forêts de Yakushima porte désormais le nom de « Mononoke Hime no Mori » (littéralement « la forêt de *Princesse Mononoké* »). Dans le film, l'hommage à *Nausicaä* sera poussé jusqu'à utiliser la même terminologie, « *fukai* », pour désigner la forêt. On pourrait également citer le manga *Mudmen* de Kentaro Takekuma comme inspiration, centré autour d'une tribu de Papouasie Nouvelle Guinée.

Mononoké, dieux et esprits

Dans cette partie, nous souhaitons aborder plus précisément des questions linguistiques et de compréhension japonaise, qui sont parfois maladroitement retranscrites dans les versions françaises (doublage et sous-titrage). En effet, « *Mononoke* » ne peut pas être traduit par un seul mot dans une langue étrangère au japonais, ce qui explique pourquoi c'est le terme japonais qui fut conservé à l'international. C'est une notion qui regroupe autant le « monstre » que l'« esprit » (d'organismes vivants ou morts, mais aussi de choses inanimées). Le terme a une connotation négative, en ce sens que le *Mononoke* est plutôt maléfique. Dans les habitudes japonaises, on attribue un mauvais événement à l'œuvre d'un *Mononoke*. Dans le film, le mot se réfère aux dieux de la forêt qui ont la forme d'animaux gigantesques au caractère intelligent et belliqueux (seule caractéristique qu'ils ne partagent pas avec Totoro). Ils possèdent une grande espérance de vie : Moro la louve est âgée de trois cents ans, quand Okkotonushi le sanglier atteint les cinq cents ans. Toutefois, leur taille et leurs capacités diminuent au fil des générations, en témoignent respectivement les fils de Moro ou encore l'absence de parole des plus jeunes sangliers (qui se rapprochent ainsi des cochons, thème cher au réalisateur !). Le *Shishi-gami* est le dieu (cerf) suprême de la forêt[62], en ce sens qu'il a le pouvoir de vie et de mort sur tous les organismes vivant dans ce lieu. Cette capacité est montrée clairement à chacun de ses pas : il donne la vie sous forme de plantes, puis la leur retire immédiatement. Le dieu-cerf a une fonction d'équilibre de la nature, de balance entre la vie et la mort : il décide, selon ses critères qui semblent relever de l'instinct, de ce qui sera sauvé (Ashitaka) et de ce qui ne le sera pas (Okkotonushi). Sous forme de cerf, sa mono-expression caractérise comme une absence de conscience. Bien que sa position le place du côté de la nature, et non des hommes, il ne semble pas leur en vouloir particulièrement pour la destruction de la forêt, même lorsqu'Eboshi le vise pour le tuer. Toutefois, cet équilibre est fragile et se rompt lorsque la tête du dieu est séparée de son corps.

62. Une créature imaginaire inventée par Miyazaki, au visage humain, au corps d'une bête et aux cornes faites de branches.

L'acte d'Eboshi, qui conduit au désastre, rappelle celui de Kushana dans *Nausicaä* qui perturbait la dépollution de la nature en attaquant le Fukai. Bien que son liquide vital tue tout ce qui le touche, il reste l'un des seuls « personnages » du film à ne jamais montrer de haine. Cela se traduit par une absence totale d'initiative de son côté, toutes ses opérations arrivant en réaction à une situation donnée.

Kodama (traduit par « Sylvains » pour « êtres des bois ») se réfère au kanji 谺 « esprit des arbres ». Ils apparaissent dans de nombreux contes et légendes japonais. Toutefois, les *Kodamas* de Miyazaki sont créés par lui et donc inédits dans leur représentation. C'est ce qui explique pourquoi leur nom s'écrit en katakana[63] chez Ghibli, ce qui se rapproche plutôt du sens « petit esprit ». *Tatari-gami*, enfin, ne signifie pas « démon » comme l'indique la version française[64]. Il s'agit de dieux maudits, en réalité rongés par la souffrance de la haine. N'importe quel *Mononoke* peut devenir *Tatari-gami* lorsque sa douleur et sa haine atteignent un point de non-retour. Les vers qui symbolisent cette malédiction de haine sont contagieux et conduisent à la mort ; c'est ce qui arrive à Ashitaka. Toutefois, tout porte à croire que le *Tatari-gami* a atteint la région d'Ashitaka totalement par hasard, et ne cherchait absolument pas à l'attaquer en particulier.

ANTI-MANICHÉISME DE L'ÉCHIQUIER : LES CAS EBOSHI ET JIKO

L'action de *Mononoké* a lieu pendant l'ère japonaise de Muromachi, au milieu du XVe siècle. C'est une période compliquée au Japon, dont Miyazaki s'est inspiré en modifiant certains éléments. Cette époque, qui imposait et offrait différentes formes de changement aux Japonais, peut être rapprochée de l'ère actuelle, depuis la fin de la croissance fulgurante d'après-guerre au Japon. Les tenants et les aboutissants du film

63. Le système syllabaire de la langue japonaise qui sert à transcrire les mots étrangers.
64. Notons cependant que le choix du mot démon n'est pas complètement incohérent. À l'origine, le terme, issu du grec δαίμων, « *daimōn* », désigne un être surnaturel qui peut être tout autant bienfaisant que malfaisant. Or, de nos jours, l'expression « démon » et l'adjectif « démoniaque » sont communément associés à l'idée d'une entité maléfique.

sont parfois mal compris du point de vue occidental qui, par réflexe, cherche à savoir qui est « gentil » ou « méchant ». Seulement, les personnages de *Princesse Mononoké* peuvent difficilement entrer dans ce type de cases. Ils répondent pour la plupart à un ensemble de motivations, à des références passées parfois communes et réagissent par des actes qui nous empêchent de les classer dans telle ou telle case. Parfois héroïques, les protagonistes peuvent l'instant d'après s'avérer cruels.

Eboshi, par exemple, est souvent pointée en Occident comme l'ennemie principale, ou considérée comme détonateur des événements. Cette vision simpliste ne reflète pas la complexité de sa position. Ancienne courtisane de l'empereur (le Mikado), elle a pu créer les forges uniquement grâce à son aide logistique et financière. Cet argent lui a aussi permis d'acheter des femmes amenées à devenir des prostituées, à les libérer, leur donner du travail et à s'imposer moralement face aux hommes. Elle est également la seule à s'occuper des lépreux[65]. Ces communautés écartées, appelées « *burakumin* » au Japon, étaient généralement considérées comme des parias. Elle est appréciée et respectée par tous au sein des forges. Ses habitants vivent heureux : ils ont un toit, à manger, du travail et la sécurité. Sous l'époque Muromachi, ce n'était pas chose aisée. À plus forte raison lorsque c'est une femme qui tient les commandes. Elle fait améliorer les armes, pourtant récentes au Japon, en optimisant les « *ishibiya* » (littéralement « flèches de feu et de pierre »). Pour fabriquer du métal, elle a besoin de charbon et doit donc couper les arbres : à aucun moment elle ne semble montrer du plaisir à affaiblir la forêt. Eboshi se doit d'être ferme et stratège pour faire face aux attaques des *Mononokes*, ainsi que celles des shoguns (seigneurs) voisins qui veulent désormais leur part du gâteau (fer et armes) et lui envoient leurs samouraïs. On peut la juger lâche lorsqu'elle abandonne les blessés à l'attaque de la caravane par les loups ; or, elle cherche d'abord à protéger et sécuriser le reste des membres du convoi. Même le raid pour la tête du dieu-cerf sert à honorer la promesse faite à l'empereur. Sa manifestation de

65. Pendant la production du film, Miyazaki a visité à de nombreuses reprises le sanatorium Zenshoen situé à une quinzaine de minutes à pied de son domicile à Tokorozawa, dans la périphérie de Tokyo, pour y représenter les malades. Ses dons à l'organisme ont notamment permis la restauration d'un des bâtiments et la plantation d'arbres dans la forêt du parc.

cruauté et de prétention (« voici comment on tue un dieu », dit-elle) nous semble plutôt une démonstration de poigne pour justifier sa position. Elle n'attend pas la fin du film pour comprendre les conséquences des actions qu'elle a impulsées. La gestion des forges était une réussite sociale ; une fois détruites, elle semble vouloir reconstruire un village sur ces bases, mais possiblement moins « capitaliste ». La perte de son bras correspond sans doute à une punition : celle d'être condamnée à ne plus pouvoir se servir des armes à feu. Est-ce une métaphore de son futur pacifisme ?

Jiko-bo, lui, nous semble être l'autre personnage-clé au rôle complexe. Il serait aisé de le voir comme le grand manipulateur de l'échiquier. Présenté comme un bonze amical, il se révèle être un stratège aux capacités étonnantes, ancré dans une hiérarchie verticale bien délimitée. Contrairement à ce qui est sous-entendu de manière plus ou moins explicite dans la version française, il ne semble pas agir directement sous les ordres de l'empereur. Sa position est plutôt celle d'un mercenaire qui loue ses services ; il est à la tête d'une organisation de combattants appelée Shisho-Ren. La mission de Jiko est de récupérer la tête du dieu-cerf pour l'empereur, qui croit obtenir par là même l'immortalité. Pour cela, il commande trois factions : ses Shisho-Ren qui défendent les forges contre les assaillants (dieux de la forêt et samouraïs d'Asano Kobo), les Karakasa-Ren et les Jibashiri, deux organisations vraisemblablement à la solde de l'empereur, la première aux parapluies et la seconde qui se camoufle sous des peaux d'animaux morts. La détermination sans faille de Jiko peut être motivée par la prime et/ou par son impossibilité de décevoir l'empereur. En cela, s'il ne sacrifie pas directement des hommes, il ne semble jamais atteint par la gravité de certains de ses actes. Pour lui, il semblerait que la fin justifie tous les moyens. Il reste toutefois très prudent, ne voulant pas tuer le dieu lui-même, et loin d'être dupe. Sa réaction à la fin prouve qu'il sera resté lui-même jusqu'au bout, en utilisant son expression placide « *maita maita* » (équivalent de « ah là là »).

Ashitaka et San, l'amour impossible

Il y a deux imprécisions autour d'Ashitaka dans la traduction française. D'abord, il n'est pas prince des Emishis[66], mais amené à devenir chef du village. Les habitants de son clan, a fortiori la chamane, l'appellent « *hiko* » c'est-à-dire « mon garçon » et non « mon prince » comme dans la traduction française. La deuxième erreur de traduction, plus nette, concerne Kaya : contrairement à la manière dont elle l'appelle dans la version française, Ashitaka n'est pas son grand frère. « *Ani-sama* » se réfère certes au frère aîné, mais pas en l'occurrence où il s'agit plutôt d'une marque de respect envers une personne masculine proche et plus âgée. D'ailleurs, il est montré assez clairement que Kaya est amoureuse d'Ashitaka, lorsqu'elle brave l'interdit d'assister à son départ en lui offrant son pendentif. Cadeau qu'il remettra à San à la fin du film, comme pour lui déclarer également son amour. Même avant les événements, Ashitaka ne montre pas qu'il est amoureux de Kaya, la protégeant du *Tatari-gami* comme il l'aurait fait pour n'importe quel autre villageois. Ce qui frappe dans le caractère d'Ashitaka, c'est d'abord son calme et sa sagesse. Il décoche sa flèche vers le *Tatari-gami* uniquement lorsqu'un danger est imminent ; avant cela, il tente de raisonner le dieu maudit sans animosité, malgré la dureté de l'action. Puis, tout le long du film, il montre une obédience et une résilience à toute épreuve en suivant le précepte de sa chamane : porter sur le monde un regard sans haine. Ses pulsions parviennent à supplanter sa maîtrise de soi à plusieurs reprises, mais uniquement parce que la malédiction prend le dessus. Il est également contrôlé par la malédiction elle-même, comme l'illustre la folie de son bras à la première apparition du *Shishi-gami* (qui n'avait pas soigné Nago, causant sa haine et sa transformation en *Tatari-gami*).

San, elle, se trouve au confluent des deux entités qui s'affrontent. Moro la considère comme sa fille, mais les autres dieux de la forêt (sangliers et gorilles) la voient toujours comme une humaine. Dans le film, elle est amenée petit à petit à s'interroger sur cette condition

66. Population indigène du nord du Japon, ancêtre des Aïnous, qui refusait de se plier à l'autorité de l'empereur et qui sera décimée par le régime Yamato.

croisée, notamment en raison de ce qu'elle commence à ressentir pour Ashitaka. C'est particulièrement le cas lorsque, alors qu'il est trop faible pour mâcher, elle le nourrit de bouche à bouche : d'un point de vue animal, ce geste est protecteur voire maternel, mais d'un point de vue humain et a fortiori japonais, il s'agit d'un acte intime à l'orée du sexuel. À partir de là, une forme de confusion s'immisce dans son esprit, où les instincts humains ressurgissent face à cet homme pour lequel elle ressent des sentiments différents sans comprendre pourquoi, jusqu'à la fin. Ainsi, lors de la dernière séquence du film, San dit clairement à Ashitaka qu'elle l'aime. Leur amour est impossible car elle ne peut ni vivre hors de la forêt, ni pardonner au genre humain pour ses actes. Lui est banni de son village et décide donc de vivre aux forges, sans doute pour rester proche d'elle, puisqu'il lui rendra visite. Une note intéressante est que le *Shishi-gami* a soigné leurs blessures en mourant, mais Ashitaka garde les stigmates de la malédiction, ainsi que la cicatrice de la blessure que San lui avait faite aux forges. Les lépreux, eux, n'ont gardé aucune cicatrice… Terminons par une remarque que nous laissons à chacun le soin d'interpréter : en japonais, « *ashitaka* » signifie « demain ? » (le point d'interrogation est important).

La fin du film : places de l'Homme et la Nature

On a beaucoup lu que *Mononoké* était une fable écologique. Nous ne partageons pas cette vision. Dans le film, il n'y a ni gagnant ni perdant, pas de fin heureuse alors qu'un méchant est anéanti. Tout le monde a souffert, tout le monde a perdu une part de soi et de ce pour quoi il ou elle combattait. Il n'y a pas non plus de leçon de morale, simplement une ouverture du débat sur la relation entre l'Homme et la Nature. L'expression-clé de la promotion du film, « *Ikiro* », prend alors tous les sens possibles : nous devons vivre. Hayao Miyazaki ne livre pas de message écologiste, mais fait plutôt un constat de l'extrême difficulté pour l'Homme et la Nature de vivre en harmonie.

Il existe différentes interprétations de la fin du film. Certains la considèrent positive en ce sens que la forêt est revenue et que le *Kodama* porte un message d'espoir. Notre vision est plus pessimiste. Tous les dieux protecteurs de la forêt, pourtant centenaires, sont morts en apparence – bien que rien ne soit montré sur les gorilles. Même Deidarabochi, la forme nocturne du *Shishi-gami* (en version française : le faiseur de montagnes), a succombé aux rayons du soleil. Son ultime action fut de soigner tout ce qui se trouvait autour de lui : Ashitaka et San, les lépreux, et même Eboshi qui ne semble pas souffrir de son bras arraché. Concernant la forêt, à bien y regarder, aucun arbre n'est revenu : il ne reste que plantes, herbes et fleurs. Les arbres morts n'ont pas été ravivés, seule de la mousse s'y est accrochée. Rien de comparable aux hectares sans doute centenaires qui y étaient avant la déforestation des hommes. Quant au *Kodama*, il semble bien esseulé et triste, face aux dizaines de petits êtres coquins rencontrés en début de film. Plus qu'un appel à la sauvegarde de la nature, *Princesse Mononoké* nous semble être une mise en garde sur la protection d'un équilibre entre l'Homme et son environnement, équilibre naturel indispensable à la vie des deux. D'idéalisme à fanatisme jusqu'à l'extrémisme, les erreurs sont commises par tous. L'héritage laissé par le dieu-cerf est plus fragile qu'il ne l'a jamais été, mais la prise de conscience d'une harmonie nécessaire n'est certainement pas acquise, et le risque d'un retour de ce cercle de destruction n'est pas écarté.

Yoshifumi Kondo, l'ex-futur successeur

Né le 31 mars 1950 à Gosen, au nord de Tokyo, Yoshifumi Kondo (近藤喜文) passe ses trois années de lycée à Niigata, où il est membre du club artistique. Après l'obtention de son diplôme en mars 1968, il déménage à Tokyo pour une formation au sein d'une université de design qui durera six mois. Le 1er octobre de cette même année, il intègre le studio A Production où il fait ses premières armes en tant qu'animateur-clé sur différents projets, parmi lesquels *Lupin III* ou *Panda Petit Panda*. C'est au cours de ces années qu'il rencontre Hayao Miyazaki. Le 20 juin 1978, Kondo rejoint Miyazaki chez Nippon Animation où il officie

notamment en tant qu'animateur-clé sur ***Conan, le fils du futur***, ainsi que comme directeur de l'animation sur ***Anne aux pignons verts***. Le 16 décembre 1980, il suit une nouvelle fois Miyazaki à Telecom Animation pour devenir designer des personnages de ***Sherlock Holmes***. Remis d'une longue hospitalisation pour soigner une pneumonie, il travaille à nouveau un an pour Nippon Animation en tant que pigiste, avant d'intégrer définitivement le studio Ghibli en janvier 1987. Il est directeur de l'animation, animateur-clé et/ou designer des personnages sur ***Le Tombeau des lucioles***, ***Kiki la petite sorcière***, ***Souvenirs goutte à goutte***, ***Porco Rosso***, ***Je peux entendre l'océan*** et ***Pompoko***. En 1995, Yoshifumi Kondo devient le premier réalisateur d'un film d'animation Ghibli diffusé au cinéma, qui n'est pas l'œuvre de Miyazaki ou de Takahata : ***Si tu tends l'oreille***. Il travaille ensuite sur ***Princesse Mononoké*** en tant que directeur de l'animation et designer des personnages. Yoshifumi Kondo décède le 21 janvier 1998 à Tachikawa, proche de Tokyo, d'une dissection aortique qu'on dit causée par un excès de travail[67].

Kondo était un animateur fidèle de Hayao Miyazaki, respecté de ses pairs au sein du studio. Ghibli fondait de grandes attentes en lui et se cachait à peine de le penser comme un futur successeur de Miyazaki, bien que de seulement neuf ans son cadet. Son décès prématuré a laissé un grand vide chez le maître, qui a abandonné sa première retraite post-***Princesse Mononoké*** pour revenir au sein du studio et démarrer progressivement le projet du ***Voyage de Chihiro***. Il se dit que le décès de Kondo a suffisamment influé sur le rythme de travail de Miyazaki pour aborder des délais plus longs et ménager sa santé. Cela peut tout à fait expliquer les durées de production plus étendues des films suivants : trois à cinq ans en moyenne contre un à trois ans au préalable.

67. En japonais, il existe un terme spécifique pour cela : 過労死 *karoshi*, littéralement « la mort par surcharge de travail ».

Le Voyage de Chihiro (2001)

Le succès triomphal et la reconnaissance internationale

Le Voyage de Chihiro arrive dans la filmographie Ghibli après l'échec au box-office de *Mes voisins les Yamada* d'Isao Takahata. Pour Hayao Miyazaki, c'est le film qui succède à *Princesse Mononoké* et ses splendides réussites critique et commerciale. Après s'être éloigné du studio Ghibli, il y fit son retour à la suite du décès prématuré de Yoshifumi Kondo. Miyazaki et le producteur phare du studio Ghibli, Toshio Suzuki, ne le savent pas encore pendant la création, mais *Chihiro* abattra un à un de nombreux records du cinéma. D'abord au Japon, avec plus de vingt-trois millions d'entrées, le record absolu au cinéma japonais qui avait vu *Titanic* supplanter peu de temps avant le score de *Princesse Mononoké*. *Le Voyage de Chihiro* accrochera la première place du box-office pendant vingt semaines consécutives. Il devient également le film le plus rentable de l'histoire japonaise, malgré un budget de près de deux milliards de yens, soit l'équivalent de dix-neuf millions d'euros à l'époque, et vingt-quatre millions avec le cours d'aujourd'hui.

Avant même sa sortie à l'international, *Chihiro* devient le premier film non-anglophone à dépasser les deux cents millions de dollars de recettes. Il faudra attendre plus de dix ans pour que ce record soit surpassé par... le film français *Intouchables*. *Chihiro* s'écoulera en DVD et VHS à près de deux millions et demi d'exemplaires au Japon, le record absolu depuis que les classements Oricon ont débuté en 1991. Parmi ceux-là, un peu plus de deux millions ont trouvé preneur sur ses douze premiers mois d'exploitation, un record qui ne sera battu que par *La Reine des neiges* en 2014 avec deux cent trente mille DVD et Blu-ray supplémentaires sur la même période. La sortie du *Voyage de Chihiro* en

Occident est accompagnée par le puissant marketing de Disney Buena Vista, qui vient alors de décrocher le fameux accord international pour la diffusion des films du studio Ghibli hors Japon. Cette campagne de publicité lui permet d'atteindre plus d'un million et demi d'entrées en France, mais surtout de remporter un catalogue impressionnant de récompenses. Parmi celles-ci, les plus notables restent l'Ours d'or du meilleur film à Berlin[68] en 2002 et l'Oscar du meilleur film d'animation en 2003, écrasant les grosses productions américaines *L'Âge de glace* et *Lilo & Stitch*.

Bien qu'il ait annoncé vouloir prendre sa retraite lors d'une conférence de presse, quelques jours seulement avant la sortie au Japon, Miyazaki commencera à travailler sur un nouveau projet (*Ponyo*) avant de devoir reprendre les rênes du *Château ambulant*.

Résumé

Chihiro, une fillette de dix ans, est en route vers sa nouvelle maison. Au cours du voyage, ses parents se perdent et la voiture s'arrête devant un tunnel qu'ils croient être l'entrée d'un parc à thème qui semble délabré. Lors de la visite, les parents font une halte dans un des bâtiments pour déguster des mets appétissants apparus comme par enchantement. Hélas, cette nourriture les transforme en porcs. Prise de panique, Chihiro s'enfuit et se fait aider par le jeune Haku qui l'introduit dans un bâtiment et lui explique qu'elle va devoir travailler pour la sorcière Yubaba, qui dirige l'établissement de bains publics pour esprits. Chihiro est renommée Sen par Yubaba, et va désormais nettoyer les bains avec la jeune Lin. Son premier client est un dieu nauséabond dans lequel elle aperçoit une écharde. Toute l'équipe tire sur une corde pour arracher le morceau et libérer le dieu de sa pollution. Ce dernier remercie Sen en lui donnant une boulette et laisse échapper quelques pépites d'or pour les employés. La nuit, un Sans-visage qui rôdait aux alentours, et que Sen avait fait entrer sans savoir quelle sorte d'esprit c'était, appâte des employés avec de fausses pépites et leur demande à

68. Il est le premier film d'animation à l'obtenir.

manger. Sen se réveille seule dans le dortoir et découvre Haku, sous la forme d'un dragon et blessé, qui remonte vers les appartements de Yubaba. Sur le chemin pour aller le retrouver, elle croise le Sans-visage qui lui offre un tas d'or qu'elle refuse. Une fois dans les appartements, elle parvient tant bien que mal à se débarrasser du bébé capricieux et imposant de Yubaba avant que la sœur de la sorcière, Zeniba, ne fasse son apparition en expliquant que Haku est victime d'un sort qui le ronge, puis transforme tous les proches de Yubaba présents. Haku chute dans un conduit avec Sen. Une fois dans la chaufferie, elle donne à manger à Haku la boulette offerte par le dieu, ce qui le fait reprendre forme humaine, mais il est toujours blessé. La fillette décide alors d'aller voir Zeniba en prenant le train, accompagnée du Sans-visage. La sorcière lui explique que Haku est maintenant hors de danger. En repartant, ce dernier apparaît et Sen comprend que le jeune homme est en fait l'esprit d'une rivière polluée qui l'a sauvée étant petite. Le lendemain matin, Yubaba propose à Sen de repartir si elle trouve ses parents parmi les porcs qu'on lui présente, mais la fillette comprend qu'ils ne font pas partie du lot. La sorcière rend alors sa liberté à Chihiro ; celle-ci va retrouver ses parents, qui n'ont aucun souvenir des événements.

Le monde des bains et les dieux-esprits

Contrairement à une croyance occidentale, *Le Voyage de Chihiro* ne fait pas appel à tant de références mythologiques des contes et légendes japonaises qu'il n'y paraît, mais plutôt à un mélange de culture contemporaine et d'imagination de son réalisateur. Le monde des bains jouit de certaines règles, mais surtout de sa propre logique, qui peut paraître absurde aux étrangers. Un des exemples les plus forts et candides est le réveil des filles après les pluies torrentielles : un océan s'est formé au loin, ce dont Chihiro s'étonne, alors que Lin trouve cela normal. Cela n'est pas lié à une quelconque croyance japonaise mais à une simple création de Miyazaki sur la physique de cet univers fantasmé. Selon la pensée japonaise, le monde des dieux (*kami*) et des esprits (*yokai*) se superpose à celui des humains. Pour simplifier, pensez à *Mon voisin Totoro*. *Le Voyage de Chihiro* utilise des symboles carrolliens (tunnel, rivière, pont) non seulement pour marquer un franchissement, mais également pour signifier la difficulté à retourner dans son propre monde. En extrapolant, on marque la différence de dimensions comme dans *Le Magicien d'Oz* ou *Alice au pays des merveilles*. D'ailleurs, Chihiro partage avec Alice ce rapport capital à l'alimentation : le repas fastueux transforme les parents de la petite fille en cochons ; le médicament de Haku la sauve de la disparition et ses *onigiri*[69] la réconfortent ; la boulette du dieu des rivières soigne le Sans-visage et Haku, etc. Le monde des bains agit également comme une critique de la société contemporaine. Son existence même révèle que les dieux/esprits doivent se délasser, voire se purifier ou même se soigner.

Aburaya est un établissement de thermes (en japonais, on les appelle *onsen* ou *sento*) comme il en existe des centaines au Japon ; à ceci près que celui-ci leur est réservé. Qui les fatigue ou les salit ? Le client putride agit comme un révélateur du caractère écologique sous-tendu : lorsqu'elle libère le dieu des rivières, c'est aussi bien une prise de conscience pour Chihiro qu'une réparation des actes pollueurs de ses pairs humains, dont l'abandon de détritus avait rendu le dieu (ou le kami, le yokai, l'esprit...) méconnaissable même de ses congénères Une autre donnée soulignée est la critique de l'argent comme vecteur de corruption des mœurs. Lorsque Chihiro demande à son père d'arrêter de manger sans l'autorisation des restaurateurs, celui-ci lui répond qu'il a de l'argent et même sa carte bancaire, pourtant encore peu utilisée au Japon, pour régler un éventuel problème. Le Sans-visage (traduction littérale de son nom japonais « *Kaonashi* ») semble agir sur une réflexion analogue : le moyen de paiement, en l'occurrence l'or, peut tout acheter. C'est Chihiro qui lui fait prendre conscience de l'inverse : elle n'aura jamais rien accepté de lui directement, car ce qu'elle recherche ne peut pas être payé ou consommé. De là se crée une perte de repère pour le Sans-visage (son schéma relationnel s'écroule), d'où sa phase de folie et de destruction. Sa gloutonnerie n'est pourtant

69. Plat typique de la cuisine japonaise qui prend la forme triangulaire d'une boulette de riz fourrée et entourée d'une algue nori.

que le moyen de combler une insatisfaction, tant il semble démuni et plaintif lorsqu'il ne régit pas le rapport social par sa distribution de pépites. À l'autre bout de la chaîne, les employés d'Aburaya sont eux aussi corrompus par la vue de richesses. Mais celles-ci sont illusoires, en témoigne le pourrissement du tas d'or récupéré par Yubaba.

D'un point de vue occidental, il est difficile de vouloir placer les protagonistes sur un échiquier manichéen. Dans *Le Voyage de Chihiro,* peut-être plus encore que dans les autres films de Miyazaki, c'est un classement inutile. Même les sorcières jumelles ne répondent pas aussi simplement à ces codes bien/mal. Yubaba, qui apparaît à première vue comme la « méchante » idéale, en raison de son autorité et son avidité, respecte à la lettre les lois de son monde comme donner du travail à qui en demande, ou encore tenir sa promesse en libérant les parents de Chihiro. Zeniba, elle, n'est pas son pendant modèle de gentillesse (elle cherche à tuer Haku pour le vol de son sceau), mais elle pardonne immédiatement et sa sagesse libère les protagonistes. Il y a un jeu de mots, d'ailleurs, sur leurs prénoms : « Yubaba » signifie littéralement « la vieille des bains », mais lorsque l'on attache leurs premiers kanjis (caractères japonais) « *zeni* » et « *yu* », on obtient « *sento* », qui signifie « bain public ».

Enfin, il reste un geste mal compris des Occidentaux, lorsque Chihiro écrase plus ou moins volontairement le ver de corruption de Yubaba recraché par Haku. Comme souillée et dégoûtée, elle se tourne vers Kamaji qui lui demande de faire « *engacho* » (du vocabulaire enfantin, contraction de « *en ga chogireru* », littéralement « lien coupé »). Elle a alors les deux index et pouces joints, formant un cercle qu'il s'empresse de séparer avec sa main. Il s'agit d'un vieux rite qui dit que l'impureté ou la « crasse » disparaît grâce à ce geste. On le fait plutôt aux enfants, par exemple lorsqu'ils ont marché dans une crotte de chien, pour dire qu'ils n'ont pas été « contaminés » par l'impureté. On peut alors dire « *engacho kitta, kagi shimeta!* » qui se traduit par « on a coupé le lien [avec l'impureté] et on l'a enfermé à clé ! ».

Perdre son identité pour se construire : la dualité Sen/Chihiro

Un point capital du *Voyage de Chihiro* est la déconstruction de la jeune protagoniste vers une certaine forme de schizophrénie positive pour son évolution personnelle. Le moment charnière est la modification du nom de Chihiro par Yubaba ; cet acte ne se dévoile pleinement qu'en connaissant un peu de japonais. En effet, dans la langue japonaise, les noms et prénoms sont constitués de caractères appelés kanji qui ont un sens, mais également plusieurs lectures selon qu'ils sont utilisés seuls ou accompagnés. En l'occurrence, le nom de « Chihiro » est formé par les kanjis « *sen* » (pour « mille ») et « *jin* » (qui signifie « recherche » ou « interrogation »). Son nom de famille, « Ogino », peut être traduit par « champ de roseaux ». Il faut comprendre que le choix des kanjis est très important pour constituer les prénoms japonais ; comme la langue est constituée d'énormément d'homophones, on donne toujours la signification des kanjis lorsque l'on parle de son prénom (pour faire savoir ce que les parents ont voulu qu'ils signifient).

En ne conservant que le premier caractère du prénom, sur les quatre que son nom compte en tout, Yubaba ôte à Chihiro la dénomination sous laquelle elle était connue jusqu'à présent et donc son identité, ainsi que ses racines via cette forme de lien à ses parents. Par là même, Chihiro devient littéralement « mille », un numéro parmi tant d'autres au sein des innombrables employés des bains. Or, dans le monde d'Aburaya, on ne peut rentrer chez soi si l'on oublie son nom d'origine. Par ce biais de réduction nominale, Yubaba prend un contrôle incommensurable sur ses employés. L'exemple le plus frappant est Haku, présenté comme une âme damnée (il est l'esprit d'une rivière drainée par l'expansion immobilière des hommes), coincé par l'oubli de son nom originel et, partant, de son identité. Le titre japonais du film, 千と千尋の神隠し *Sen to Chihiro no Kamikakushi*, exprime bien cette différence de personnalité. « *Kamikakushi* » est un terme employé au Japon pour parler des disparitions, en sous-entendant que les personnes disparues, en particulier des enfants, ont été cachées par des dieux/esprits (c'était le cas des Tengu à leur introduction dans le folklore japonais). Ce titre original revêt ainsi une signification très intéressante, puisqu'un double-sens est autorisé ; la traduction peut tout aussi bien donner « La disparition de Sen et Chihiro » que « Sen et la disparition de Chihiro » ! Cette deuxième possibilité illustre plus encore ce qui est montré dans le film : en passant dans le monde des bains, Chihiro est comme mise en veille, et c'est la part Sen de sa personnalité qui va évoluer, mais dont le retour d'expérience va profiter à Chihiro au bout du compte. Chihiro est effrayée d'oublier son nom, mais c'est cette période en tant que Sen, pendant laquelle elle vit avec de plus en plus de sérénité, qui la fait le mieux progresser et se trouver. Plus le film avance et moins elle est inquiète du sort de ses parents, car elle gagne une foi en elle-même, donc en indépendance.

On a beaucoup lu que Chihiro était une enfant gâtée voire capricieuse. Cette analyse nous semble erronée. Miyazaki affirme lui-même en interviews que la fillette est peureuse car elle est trop protégée. Physiquement, cela est représenté par sa maigreur. On devine dès le début du film qu'elle est enfant unique, et il n'y a rien de plus normal à dix ans que de bouder parce qu'on change d'école. Chihiro nous semble plaintive uniquement parce qu'elle n'a pas connu d'aventure, gardée par ses parents et possiblement par une société japonaise aseptisée. Or, c'est elle qui semble plus mature que ses parents lorsqu'elle leur déconseille de manger au restaurant sans autorisation. Tous ses actes par la suite font preuve de noblesse d'âme, d'un excellent jugement et d'une maturité impressionnante dans sa réaction aux situations pourtant délirantes. Sans doute grandit-elle grâce aux épreuves traversées, mais elle avait déjà dans son cœur les composantes essentielles de cette ouverture. La rencontre de Sen avec Bo, le bébé surprotégé de Yubaba, la met face à ce qu'elle était en tant que Chihiro : protégée du monde extérieur, donc craintive de ce qu'elle ne connaît pas. Or, ce voyage dans un monde qui lui semblait inconnu est surtout l'occasion de voyager dans son propre univers intérieur pour se découvrir et laisser s'exprimer des talents enfouis en elle-même. Il y a une scène qui symbolise merveilleusement ce que la fillette va vivre : la descente des escaliers au début du film. Très craintive au départ, ses pas sont lents et peu dégourdis. Il suffira d'une marche qui craque et d'un coup de vent pour qu'elle dévale à toute vitesse ce long escalier, avec une précision incroyable et sans tomber. La seconde fois où elle devra emprunter un tel chemin, sur un tuyau pourtant rustique et décrépissant au-dessus du vide, elle courra avec confiance en elle sans hésiter. La progression entre ces deux séquences fut donc considérable.

Sen a permis à Chihiro d'apprendre comment s'adapter à ce monde aux règles en apparence absurdes ; or, ce n'est pas le monde qui est important, mais la capacité de la fillette à s'adapter à un nouvel environnement en s'y faisant accepter. Dans cette entreprise elle est aidée par Lin, qui joue la grande sœur dans sa dualité, un rôle récurrent dans quasiment tous les films de Miyazaki (*Cagliostro*, *Nausicaä*, *Totoro*, *Porco Rosso*, *Mononoké*...). Cette adaptation et l'existence sociale sont précisément ce que le Sans-visage n'arrive pas à réaliser. Miyazaki avancera en interview que ce personnage symbolise le Japon contemporain, oubliant ses valeurs et son identité et plongeant dans la surconsommation et le culte de l'argent, créant ainsi un comportement déviant voire violent. Assagi avec l'intervention de Sen, il montre un caractère bien plus serein lors du thé avec Zeniba, dégustant une part de gâteau doucement, à la fourchette, prenant le temps de mâcher et ne s'énervant pas une fois sa part terminée, alors que le reste du gâteau trône devant lui.

La fin du film : de la séquence du train au retour dans son monde

La longue séquence de fin du film, depuis la montée dans le train, suscite énormément d'interrogations. On peut lui trouver différentes interprétations. C'est un moment d'un calme impressionnant, où beaucoup d'informations implicites sont glissées, comme si elles devaient être perçues indépendamment par chaque spectateur. Kamaji prévient Sen que ce trajet est un aller simple, que le train ne fait pas demi-tour : en ce sens, on peut considérer le voyage comme une allégorie de la vie, qui n'autorise pas de retour en arrière. Notre héroïne y fait face avec une sérénité et une détermination remarquables, qui tranchent nettement avec sa moue boudeuse et plaintive lors de son premier voyage, en début de film. D'enfant (sur)protégée, elle est devenue une référence au sens de *senpai* (expérimentée), aussi bien pour Bo que pour le Sans-visage. Ce voyage peut donc représenter, sous cet angle, le passage de l'enfance à l'âge adulte, alors que la locomotive porte la marque de « voie centrale ». Toutefois, la séquence du train présente également un caractère extrêmement mélancolique, dans laquelle les humains sont des ombres, comme le Sans-visage, mais sans parole et sans vie. Le contrôleur effectue sa routine, de manière aussi machinale que le trajet des passagers. Aucun d'eux ne communique ni n'émet de son en patientant pour descendre à des stations, tous plus identiques les uns que les autres. Sont-ils les humains qui ont disparu du monde des esprits, comme a failli le faire Chihiro ? Est-ce là une représentation des transports en communs de Tokyo (en particulier les trains de banlieue et métros) où personne n'échange rien et patiente individuellement[70] ? On note également un arrêt où une petite fille semble attendre quelqu'un depuis des lustres, comme Hachiko[71]. Est-elle la représentation de l'après-guerre, où nombreux étaient les Japonais qui espéraient le retour d'un de leurs proches, tombé au front ?

En repassant dans son monde, Chihiro est accueillie par ses parents qui l'appellent par son nom et semblent ne se souvenir de rien. Comme dans le mythe d'Orphée[72], la fillette ne doit pas regarder en arrière pendant son retour, mais elle ne commet pas cette erreur. Il est clairement exprimé que Chihiro sait qu'il s'est passé quelque chose d'exceptionnel. La remarque de Zeniba vient le confirmer, indiquant qu'on n'oublie jamais, mais qu'on peut avoir du mal à se souvenir. Le ruban que la sorcière lui a laissé en est un témoignage. Seuls les parents n'ont pas progressé dans l'aventure ; fermés à leur environnement, ils ont oublié qu'ils ont été des cochons sauvés par leur fille. Le sont-ils encore en leur for intérieur ?

70. Il y a d'ailleurs des scènes similaires, tout aussi contemplatives, dans le film de science-fiction *Avalon*, réalisé par Mamoru Oshii (*Ghost in the Shell*) en 2001.
71. Hachiko est un chien de la race japonaise akita, né en 1923. Il accompagnait son maître tous les jours à la gare de Shibuya à Tokyo et allait l'attendre le soir à sa descente du train. En mai 1925, le professeur mourut d'une apoplexie sur son lieu de travail. Hachiko l'attendit fidèlement tous les soirs à la gare de Shibuya pendant les dix ans qui suivirent, jusqu'à son propre décès. Une statue fut inaugurée en son hommage à la gare de Shibuya en 1934. Elle y est toujours présente aujourd'hui et fait office de point de rencontre pour les Tokyoïtes.
72. Ce héros de la mythologie grecque pénétra dans les Enfers où il alla récupérer sa femme défunte Eurydice. Il se vit accepter par Hadès de la ramener à la condition qu'elle reparte derrière lui et qu'il ne se retourne ni ne lui parle pendant le trajet. N'entendant plus ses pas à l'approche de la sortie des Enfers, Orphée se retourna malgré tout et perdit ainsi sa bien-aimée à jamais.

Le Château ambulant (2004)

Une libre adaptation parfois mal comprise

Pendant la production du *Voyage de Chihiro*, le studio Ghibli décide que leur prochain film sera l'adaptation d'un roman de Diana Wynne Jones, auteure britannique de romans fantastiques, décédée en 2011. Ce roman, c'est *Le Château de Hurle* ou *Howl* selon les versions, publié en 1986. Aux origines du projet, la réalisation est confiée à un intervenant extérieur : Mamoru Hosoda, animateur reconnu et réalisateur jusqu'alors de deux films de la franchise *Digimon*. Hosoda abandonnera le projet alors que le story-board était pourtant avancé, officiellement à la suite d'une mésentente sur la forme donnée au film ; on raconte toutefois que le jeune réalisateur ne s'entendait pas avec l'animateur-clé du Studio, Katsuya Kondo. On retrouvera Mamoru Hosoda aux commandes du sixième film *One Piece* (semble-t-il une vision allégorique de cet épisode de sa carrière dans lequel l'équipage des « chapeaux de paille » affronte des tricheurs) puis de films plus personnels : *La Traversée du temps* (2006), *Summer Wars* (2009), *Les Enfants loups, Ame et Yuki* (2012), *Le Garçon et la Bête* (2015) puis *Miraï, ma petite sœur* (2018).

ハウルの動く城 *Hauru no Ugoku Shiro* (littéralement « le château qui bouge de Howl ») est donc laissé en friche quelque temps avant d'être récupéré par Hayao Miyazaki en personne, début 2003. Le maître fournira sa version, inspirée du roman original mais qui raconte sa propre histoire, comme un patchwork de plusieurs idées moins au service d'un scénario omnipotent que d'essais et réflexions sur l'existence de chacun.

Au final, *Le Château ambulant* est un film plus ardu qu'il n'en a l'air, même pour les habitués de l'univers de Miyazaki, qui semble parfois vouloir articuler différentes visions difficiles à assembler, ou encore présenter un dénouement trop convenu. Ce neuvième long-métrage de Miyazaki reçoit un bon accueil du public japonais à sa sortie au cinéma, avec des chiffres de fréquentation n'égalant toutefois pas ceux de *Chihiro* mais s'approchant de *Princesse Mononoké*. Au bout de quelques semaines d'exploitation, les entrées s'essoufflent à cause d'une critique globalement moins dithyrambique et peut-être surtout d'un bouche-à-oreille moins favorable. Le studio Ghibli, qui n'avait pas fourni de dossiers de presse pour que les journalistes ne s'en inspirent pas aveuglément, arguera que *Le Château ambulant* a été mal compris et critiqué pour ses choix iconoclastes. Chacun ira de son propre avis.

Résumé

Sophie, une demoiselle de dix-huit ans, fait la connaissance de Hauru, jeune magicien séduisant et mystérieux. Se méprenant sur leur relation, la Sorcière des landes, jalouse, jette un sort à Sophie et la transforme en vieille femme de quatre-vingt-dix ans. Cette dernière fuit la ville et rencontre un épouvantail à tête de navet abandonné dans un fourré qui s'avère vivant et lui indique le chemin du château de Hauru. S'asseyant face à l'âtre, elle fait la connaissance de Calcifer, démon du feu qui permet au château de se déplacer. Le lendemain, elle rencontre le jeune Marko qui vend les potions de Hauru à des clients de différentes villes via une porte magique. Lorsque Hauru rentre, Sophie se présente comme la nouvelle femme de ménage et nettoie le château. Plus tard, Hauru se transforme en oiseau, part combattre dans un pays en guerre et en revient exténué. En voulant se teindre les cheveux, il utilise une mauvaise couleur, à cause du rangement de Sophie, ce qui le déprime complètement et cette attitude agace grandement la (vieille) jeune femme. Alité, Hauru avoue à Sophie qu'il fuit ses responsabilités de sorcier dans la guerre contre une autre nation. Il lui demande d'aller voir le roi en se faisant passer pour sa mère et lui indiquer qu'il refuse d'y participer. Montant les escaliers du palais, Sophie fait une lente course avec la Sorcière des landes, qui vieillit et fatigue à chaque marche. Sophie rencontre la sorcière royale, Suliman, qui lui explique vouloir neutraliser Hauru. Ce dernier apparaît et une bataille magique commence entre les deux magiciens, mais Hauru et Sophie fuient avec la Sorcière des landes, que Suliman a rendue grabataire et a dépouillé de sa magie, et le chien Hihn, espion de Suliman. Poursuivi par d'autres sorciers, Hauru combat régulièrement alors que la guerre fait rage de plus en plus près. Fuyant les sbires de Suliman, qui ont pu découvrir leur position, dans un château ambulant qui part en morceaux, Sophie se retrouve projetée dans le passé et découvre comment Hauru et Calcifer sont liés par le cœur du sorcier. Revenant dans le présent, elle remet le cœur d'Hauru dans son corps et les libère, Calcifer et lui, de leur malédiction. Lorsqu'elle embrasse Hauru, Sophie retrouve sa jeunesse mais conserve ses cheveux gris. Puis, par la magie d'un baiser de la jeune femme, Navet redevient humain et se révèle être le prince dont la disparition déclencha la guerre. Calcifer, qui a retrouvé sa forme d'esprit, rebâtit le château et le fait désormais voler.

DES PERSONNAGES À L'APPARENCE COMPLEXE, JUSQU'AU CHÂTEAU LUI-MÊME

Comme dans beaucoup de films de Miyazaki, les personnalités des protagonistes se basent sur leurs propres expériences préalables. Mais *Le Château ambulant* tente de s'appuyer sur une déconstruction des caractères via la perte de certains repères. L'apparence physique de Sophie en est un des exemples les plus évidents. Son personnage, central, tourne beaucoup autour du déterminisme et de la liberté de choix. Dans le monde d'Ingary où elle vit, l'aîné de trois enfants est destiné à devenir celui qui échouera dans ses aspirations. Sophie, pourtant excellente chapelière, ne trouve pas de satisfaction dans cette vie routinière. La rencontre avec Hauru, puis surtout la malédiction de la sorcière, lui apparaissent rapidement comme un nouveau tremplin voire une libération, alors que cela serait sans doute vécu comme un terrible sort chez nombre d'autres personnages. Jamais Sophie ne semble montrer de la tristesse ou du remords à quitter sa vie : sa décision rapide sonne presque comme un soulagement. La perte d'une soixantaine d'années physiques ne semble pas lui peser tant que cela ; au contraire, elle dit se sentir plus sereine, n'avoir presque plus rien à perdre. Elle sait désormais prendre le temps de s'arrêter pour contempler, comme l'explique cette scène au lac. C'est un pied de nez intéressant à l'omnipotence de l'apparence et de la consommation par le « zapping » chez beaucoup de jeunes, à commencer par les Japonais.

Le personnage de Sophie, doublé par Chieko Baisho (soixante-trois ans lors de l'enregistrement) montre une dualité, évidemment, parmi les plus fortes rencontrées chez Ghibli… en apparence tout du moins, en raison de la dichotomie qu'elle symbolise entre la jeunesse et la vieillesse, sa personnalité n'ayant pas la complexité des personnages les plus nuancés de l'œuvre de Miyazaki. Son rôle n'en demeure pas moins essentiel. Elle n'est pas la bonne à tout faire qu'on peut voir en elle, mais celle qui agit comme la clé des rouages bloqués en remettant de l'ordre dans le château et chez ses habitants.

Hauru entre également dans ce code du costume. Imaginé comme un sorcier puissant voire cruel, il s'avère en réalité pleutre, superficiel, puéril (nous y reviendrons un peu plus tard) et parfois cossard. Lui aussi est obnubilé par son apparence. Il change d'identité, d'abord pour servir différentes factions, mais également pour fuir ses responsabilités. Une certaine forme de narcissisme se ressent également dans son aspect physique : bien au-delà de sa transformation en « monstre », il change plusieurs fois de couleur de cheveux, poursuivant une forme de fuite en avant qui le conduit petit à petit à s'éloigner de valeurs plus solides et surtout de sa vraie nature. Pas étonnant que le choix de doublage se soit porté sur Takuya Kimura, acteur et chanteur, idole de nombreuses adolescentes au Japon.

Les deux protagonistes ne sont pas les seuls à entrer dans ce jeu des masques. Marko n'interagit pas avec l'extérieur sans se grimer en vieillard. Navet cache un prince sous la forme banale et muette d'un épouvantail. Même Suliman, la magicienne qui se présente d'abord comme une vieille femme paisible, cache une redoutable sorcière aux intentions très politiques et peu humanistes. La Sorcière des landes, elle, vit un processus inverse : cachée derrière une seconde peau, son moindre effort la fait se liquéfier, poussée par Suliman pour redevenir une grand-mère « démachiavélisée ». Savoir lire à travers le costume des personnages du *Château ambulant*, c'est pouvoir décoder leurs intentions et les rouages qui les font interagir. Mais le personnage souvent oublié du casting, c'est le château lui-même, pourtant véritable liant et métaphore unique de beaucoup de codes du film. Jusqu'à son apparence est trompeuse : Hayao Miyazaki a dessiné d'abord le haut du château, puis les éléments constitutifs un par un, et enfin les raccords, imaginant une esthétique sans penser à l'intérieur. C'est pourquoi il peut sembler étrange qu'il n'y ait que deux étages à l'intérieur alors que l'extérieur apparaît si vaste. Cette vision irréelle du château est à l'image de celle du film : un patchwork incroyable difficile à appréhender, mais pourtant si généreux une fois qu'on commence à l'apprivoiser.

L'univers imaginé par Miyazaki est directement inspiré de Colmar et de l'Alsace, où l'équipe de production a passé du temps, un an après la sortie de *Chihiro*. Cet environnement, exotique pour les Japonais, a tendance à moins résonner avec les mondes fantasques habituels pour les Occidentaux, en particulier les Français, car plus proche de notre vie quotidienne et de notre inconscient collectif.

Que se passe-t-il vraiment autour de Hauru ?

Comme cela est montré lors de la séquence du flash-back, Hauru a formé un pacte avec Calcifer, esprit du feu (probablement un *yokai* pour assumer sa filiation avec les prérogatives du studio Ghibli). Les termes de ce pacte sont clairs : Calcifer devra le servir, en échange du cœur de Hauru. Ce dernier se retrouve donc privé d'un organe physique mais également de tout son levier émotionnel. Ce qui explique le comportement de Hauru, c'est tout simplement qu'il est sans cœur et resté coincé émotionnellement dans son enfance. Mais ce que l'on comprend également à travers cette scène, c'est que lors du pacte, Hauru et Calcifer ont eu une vision du futur de Sophie qui leur a demandé de les attendre. À son arrivée au début du film, ils sont donc bienveillants à son égard car ils se doutent qu'elle tiendra un rôle capital dans la libération de leur pacte… sans toutefois qu'ils ne puissent le verbaliser, leur malédiction les en empêchant. Au-delà de ce triangle, il y a tout un regard sur la guerre, présentée de manière très globale et presque éloignée. Elle est absurde : commencée sur une querelle d'ego de sorciers, elle balaye des hommes (les soldats), détruit des vies de l'intérieur (Hauru) et met surtout en lumière la fracture monumentale qui se crée entre les dirigeants et les populations. Cette lutte de pouvoirs semble être un passe-temps de magiciens comme de marionnettistes, alors que les véritables régents ne paraissent même pas concernés (l'attitude du roi, qui est enjoué et totalement désengagé, se montre à cet égard très frappante). Miyazaki semble alors moins aborder la thématique du point de vue du *Tombeau des lucioles* que celle de la vacuité des guerres en général, incluant les conflits du début du XXIe siècle.

À la fin du *Château ambulant*, Sophie comprend que la clé se trouve dans la déconstruction ; c'est ce qu'elle fait avec le château, afin de le « délier » des villes avec lesquelles il était associé. Ne pas oublier, mais faire table rase permet de repartir sur une base plus saine. C'est ce qui conduit à un *happy end* parfois jugé trop facile et rapide : le baiser de Sophie qui permet à Navet de redevenir prince montre qu'un seul rouage peut débloquer toute une guerre. Le retour de Sophie à un état physique correspondant à son âge réel marque ce qui semble être une notion-clé pour Miyazaki : plus en accord avec elle-même, malgré ses cheveux désormais blancs, elle apparaît donc bien plus belle aux yeux de tous. Une note plus étonnante est l'aboutissement et l'assomption de l'amour formé entre Sophie et Hauru, absolument inédit dans la filmographie de Miyazaki et que l'on retrouvera, quoique plus enfantin, dans *Ponyo*.

MAMORU HOSODA, LE SUCCESSEUR SPIRITUEL FÂCHÉ

Né le 19 septembre 1967 à Toyama, dans les Alpes japonaises, Mamoru Hosoda (細田守) étudie la peinture à l'huile à l'université des Arts de Kanazawa. Après avoir postulé chez Ghibli sans succès, il démarre sa carrière en 1991 aux studios Toei où il participe en tant qu'animateur à de nombreuses œuvres, parmi lesquelles des séries animées phares telles que *Dragon Ball*, *Slam Dunk*, *Yu Yu Hakusho*, *Sailor Moon*, *Kenshin* ou encore *Utena*. En 1999 et l'année suivante, il réalise les deux premiers longs-

métrages de la franchise ***Digimon***. Il est recruté par Ghibli et commence à travailler en tant que réalisateur du ***Château ambulant***, mais sa vision ne colle pas avec celle attendue par le studio. Officieusement, il se murmure une mésentente avec l'animateur-clé Katsuya Kondo. Hosoda quitte donc Ghibli rapidement avant de réaliser l'excellent sixième film ***One Piece*** (***Le Baron Omatsuri et l'île secrète***) dans la foulée, pour une sortie cinéma au Japon en 2005. Il se dit que l'histoire originale de ce long épisode des fameux pirates, qui les met aux prises avec des opposants tricheurs, a été inspirée à Hosoda par une certaine équipe de Ghibli. Très rapidement, il intègre le studio Madhouse où il réalise des films plus personnels : ***La Traversée du temps*** (2006) et ***Summer Wars*** (2009). Puis il fonde son propre studio, Chizu, en 2011 où il poursuit la réalisation de longs-métrages originaux : ***Les Enfants Loups, Ame et Yuki*** (2012), ***Le Garçon et la Bête*** (2015) puis ***Miraï, ma petite sœur*** (2018). La thématique de la famille est très présente dans ses productions.

Avec la baisse de rythme et de qualité du studio Ghibli, ainsi que son incapacité à trouver des réalisateurs pour renouveler ses fameuses têtes de proue, d'aucuns voient en Mamoru Hosoda le nouveau Hayao Miyazaki. Il faut dire que depuis son passage en indépendant, la qualité de ses productions ne cesse d'étonner, faisant preuve à la fois d'une grande maîtrise technique et d'un talent de narration et de rythme incontestable. À ce titre, il se place sans doute effectivement comme le successeur spirituel le plus logique dans le cœur de tous les amoureux d'une animation japonaise indépendante[73].

73. Sans parvenir à jamais tutoyer les chiffres de Ghibli, Hosoda connaît également un succès public relativement solide qui lui permet de poursuivre sereinement sa carrière de réalisateur.

PONYO SUR LA FALAISE (2008)

L'ACCOUCHEMENT CLASSIQUE À LA MIYAZAKI

Fin 2004, après la sortie du *Château ambulant*, une partie de l'équipe du studio Ghibli effectue un voyage d'entreprise dans le village de Tomonoura, situé dans la mer intérieure de Seto au large de l'île de Shikoku, entre Hiroshima et Okayama. Charmé par le lieu, Hayao Miyazaki y loue une maison en haut d'une colline pendant deux mois, l'année suivante, au cours desquels il y fera mûrir l'idée originale de *Ponyo*. La production débutera en octobre 2006. 崖の上のポニョ *Gake no ue no Ponyo* (littéralement « Ponyo en haut de la falaise ») partage cette particularité commune à tous les films du maître d'être quasi entièrement réalisé à la main, au moyen de ce qu'on appelle l'animation traditionnelle. Miyazaki a poussé ici l'expérience en donnant deux cachets très spécifiques au visuel : d'abord un aspect très crayonné dans les décors qui fait presque ressentir le grammage du papier, puis un trait extrêmement épuré sur tous les celluloïds animés. Le travail sur les éléments aquatiques en particulier a ceci de fabuleux qu'il leur confère une identité étonnamment forte. Comme depuis chacune de ses réalisations depuis *Princesse Mononoké*, cette identité s'est construite jusqu'au cours de la production ; Miyazaki n'ayant pas encore écrit la fin alors que la réalisation du film avait déjà commencé. Au terme de son exploitation au cinéma, *Ponyo* aura totalisé plus de quinze milliards de yens de recettes, se retrouvant ainsi en troisième position des plus gros succès de Ghibli au Japon en termes de chiffre d'affaires, derrière *Le Voyage de Chihiro* et *Le Château ambulant*.

Résumé

Ponyo, un petit poisson rouge femelle, s'échappe du sous-marin de son père, le sorcier Fujimoto. Attrapée par un bateau de pêche, elle se libère des filets mais se retrouve coincée dans un bocal en verre. Le jeune Sosuke la récupère et brise la bouteille pour la sauver, mais il se coupe et Ponyo lèche la goutte de sang qui s'écoule. La mère de Sosuke, Lisa, les emmène à l'école ; elle-même travaille à la maison de retraite juste à côté. Sosuke descend à l'eau pour cacher Ponyo, mais Fujimoto envoie ses poissons créer des vagues pour la récupérer, en vain. Le soir, Ponyo se fait pousser des bras et des jambes et s'échappe à nouveau. Dans sa fuite, elle est poursuivie par de grands poissons-vagues qui créent un tsunami, mais elle parvient finalement à rejoindre la maison de Sosuke sous la forme d'une petite fille. Après un bon dîner, elle s'endort. Gran Mamare, la divinité de la mer et mère de Ponyo, échange avec Fujimoto, qui craint la fin du monde et lui demande de faire confiance à Ponyo et Sosuke. Le lendemain matin, les enfants découvrent la ville inondée et partent à la rencontre de Lisa, grâce à un jouet de Sosuke en forme de bateau que Ponyo agrandit avec ses pouvoirs magiques. Plus tard, la bougie qui leur servait de propulseur est entièrement consommée et Ponyo est trop fatiguée pour en agrandir une autre. Rapidement, c'est le bateau qui reprend sa taille initiale et les deux enfants doivent poursuivre à pied. Mais Ponyo, épuisée, redevient peu à peu un petit poisson, portée par Sosuke. Fujimoto intervient et les amène finalement à la maison de retraite, protégée par une grande bulle d'oxygène, où ils retrouvent Lisa et Gran Mamare. Cette dernière demande à Sosuke ses sentiments pour Ponyo et le garçon lui répond qu'il l'aimera peu importe sa forme. Ponyo renonce à la magie et devient définitivement humaine, puis tout le monde remonte à la surface.

Un conte magique et très personnel

Ponyo sur la falaise raconte ainsi l'aventure d'une princesse éponyme, poisson rouge aux pouvoirs magiques, fille de la déesse des océans (inédite dans la mythologie japonaise car inventée par Miyazaki) et d'un ancien humain qui souhaite faire revenir la Terre à l'ère du Dévonien[74]. Ponyo s'échappe des océans et rencontre Sosuke, un jeune garçon de cinq ans. Leur amour candide menace l'équilibre de la nature. Il s'agit d'un film bien plus personnel et mature qu'il n'y paraît. Il y a une forme de bien-être et d'optimisme omnipotent qui se dégage de chaque scène de *Ponyo*, comme si on y lisait la sérénité d'un réalisateur qui, âgé, semble faire la paix avec une partie de ses doutes et regrets. On peut y retrouver sa figure traditionnelle de la femme forte, en l'occurrence Lisa qui représenterait sa propre épouse et le sacrifice de sa carrière pour élever leurs fils. Mais également le transfert de personnalité de son fils Goro chez Sosuke, ou de Fuki (fille de son directeur de l'animation et ami Katsuya Kondo) en Ponyo. Mais la piste personnelle la plus évidente est celle de Toki, l'une des femmes de la maison de retraite, dont le producteur Toshio Suzuki explique lui-même qu'elle représente la défunte mère du réalisateur (thématique déjà abordée dans ses précédents films, comme nous l'avons vu dans les analyses de *Mon voisin Totoro* et *Le Château dans le ciel*). C'est la raison pour laquelle Sosuke lui confectionne un origami spécial, mais également ce qui explique que leurs retrouvailles soient aussi fortes à la fin du long-métrage. C'est l'occasion de noter que les protagonistes du film, en particulier les personnages féminins et Ponyo en tête, sont beaucoup plus tactiles que les codes de la société japonaise ne l'autorisent généralement. Ponyo ne cesse d'embrasser ses sœurs ou d'étreindre son Sosuke. La séquence de fin se termine d'ailleurs sur un baiser d'amour (bien qu'enfantin), comme dans *Le Château ambulant*.

Ponyo est rempli de mystères, de séquences difficiles à comprendre mais pas forcément par le truchement de la langue japonaise ou de ses traditions. Le message se veut éminemment universel et beaucoup de thèmes incompris sont plutôt liés à des événements magiques dont la beauté se lit d'abord dans le prisme des yeux naïfs d'enfants. En ce sens, *Ponyo* est une leçon magistrale à l'attention des adultes qui auraient oublié l'émerveillement du quotidien. Il y a beaucoup de passages qui se construisent et se justifient d'eux-mêmes par le caractère surnaturel

74. Une période de l'Ère primaire, autour de quatre cents millions d'années avant notre ère, au cours de laquelle la Terre est recouverte en grande partie par l'immense océan Panthalassa.

qui règne autour de Ponyo et sa famille. Mais pour un enfant, la frontière entre fantasme et réalité n'est pas encore clairement définie : la navigation sur un bateau qui est un jouet agrandi est aussi tangible que la confection d'un bol de ramen (nouilles japonaises) garni à partir du bouillon. Pour eux, les deux relèvent de la magie. Le reste est une ode à la vie, à l'amour et au temps qui passe comme un éclair. Témoin de ce respect : un générique de fin dans l'ordre de classement de la langue japonaise, sans distinction d'investissement des collaborateurs.

Les thématiques chères à Miyazaki sont abordées très légèrement, avec beaucoup de grâce et de douceur. À bien y regarder, *Ponyo sur la falaise* est sans doute le moins loquace de tous les films du réalisateur, laissant les visages et mimiques des personnages s'exprimer, ou encore les compositions de Joe Hisaishi appuyer et traduire la maestria visuelle.

La toute-puissance du personnage central de Ponyo

Celle qui est au cœur de l'histoire, bien entendu, c'est cette Ponyo protéiforme. Tout au long du film, elle ne cessera jamais de changer d'apparence, en fonction de ses velléités et de ses capacités magiques. Après avoir léché le sang humain de Sosuke, elle se fait pousser des membres, d'abord de poulet, puis d'authentiques bras et jambes. Mais plus que son apparence physique, il semble que son véritable passage du poisson rouge à l'être humain se fasse lors de sa fuite de la maison, puis à travers la course sur les vagues que sont ses sœurs, jusqu'à retrouver Sosuke et Lisa en haut de la colline. Mais cette nouvelle capacité conférée par le sang de Sosuke et les jarres d'alchimie de Fujimoto signent également la disparition rapide de ses pouvoirs magiques. Le passage à travers le tunnel note bien cette absence de contrôle : alors que la veille, Ponyo débordait d'énergie et prenait la forme d'une fillette normale, elle semble désormais constamment exténuée, ses membres perdent leur apparence humaine, et jusqu'à ses cheveux rétrécissent. Quelques heures plus tôt, elle pouvait virevolter sur les déferlantes du tsunami ; elle doit maintenant être rattrapée par Sosuke car elle s'enfonce lourdement dans l'eau. Son état peut-être le plus intéressant est celui du poulet à la tête de grenouille. Celui-ci symbolise à notre sens la naïveté voire la simplicité la plus profonde de Ponyo, jusqu'à une éventuelle perte d'identité. C'est cet état qui menace l'équilibre de la vie : plus poisson, mais pas humaine. Ses yeux marquent le vide d'un genre à cheval entre deux natures : proche de ceux de Totoro, ils n'expriment plus rien, loin des bouderies du poisson comme de l'extatisme de la fillette. C'est de cela que Ponyo doit s'extirper pour continuer à exister.

Il est intéressant également de s'interroger sur ce que l'extérieur perçoit réellement de Ponyo. À plusieurs reprises dans le film, on comprend que l'action est montrée à travers le prisme de Sosuke, donc d'un enfant de cinq ans. En particulier les poissons-vagues, que ce soit lorsqu'elles rattrapent la princesse ou lorsqu'elles poursuivent la voiture de Lisa. A-t-il un rôle particulier, ou tout simplement un rapport spécifique à Ponyo (lié au fait qu'elle ait léché sa coupure) ? Pour aller plus loin, on pourrait même se demander si toute l'aventure de Ponyo n'est pas fantasmée par le jeune garçon. Mais cette question, qui ne peut être formulée que par un adulte, ne nous semble pas avoir de sens dans la manière dont Miyazaki a construit son film : ingénu et ex nihilo.

DES RÉFÉRENCES PLUS OU MOINS ÉVIDENTES

On a parfois rapproché, voire reproché à *Ponyo* d'utiliser la base scénaristique de *La Petite sirène* d'Andersen : une princesse des mers qui tombe amoureuse d'un humain et renonce à son état originel, mettant en péril son environnement. Évidemment, le traitement proposé par le Japonais est très éloigné de celui du Danois. Nous chercherions plutôt des références directement dans les films de Miyazaki. *Totoro* ressurgit à de multiples reprises. La naïveté et la candeur de Ponyo rappellent autant le personnage de Mei que celui de Totoro. Lisa elle-même entonne une reprise du générique du film de 1988 avec son « *Watashi ha Denki* », jeu de mots amusant avec la coupure de courant à ce moment (*denki*/l'électricité a remplacé *genki*/la bonne santé). Mais c'est aussi le deuxième moyen-métrage de *Panda Petit Panda* qui est rappelé pendant toute la seconde moitié de *Ponyo*, à travers ce déluge et cette montée des eaux hallucinante qui inaugure une exploration fantasmatique avec les protagonistes. Dans la culture populaire, enfin, on citera les *umibozu*, des spectres marins qui ont pu servir de base aux vagues personnifiées de Fujimoto. Le nom original de Ponyo, Brunehilde, provient quant à lui du drame lyrique *Die Walküre* (*La Walkyrie)* de Richard Wagner, deuxième partie de son cycle monumental de quatre opéras, *Der Ring des Nibelungen* (*L'Anneau du Nibelung*)[75]. Le thème musical de la chevauchée aquatique de Ponyo s'inspire clairement de la *Chevauchée des Walkyries*, le prélude de l'Acte III de *La Walkyrie*, un morceau spectaculaire devenu célèbre dans la culture populaire à la suite de son utilisation ironique dans le film *Apocalypse Now* de Francis Ford Coppola (1979).

75. Dans la mythologie nordique, dont s'inspire l'opéra de Wagner, Brunehilde, aussi orthographié Brünnhilde, était une Valkyrie, une vierge guerrière qui emmenait les âmes des héros tombés au combat à Asgard, le royaume du dieu Odin, pour qu'ils deviennent des Einherjar, voués à guerroyer contre les ennemis des Ases (le groupe de dieux dont fait partie Odin).

LE VENT SE LÈVE (2013)

LE POINT FINAL D'UNE RICHE CARRIÈRE DE RÉALISATEUR ?

風立ちぬ *Kaze Tachinu* (« le vent se lève ») est l'adaptation d'un manga de quarante-cinq pages publié par Hayao Miyazaki en 2009 dans la revue *Model Graphix*. Évidemment, le film porte une saveur toute particulière puisqu'au moment de sa sortie, en 2013, il s'agit officiellement du onzième et dernier long-métrage d'animation du réalisateur japonais. Il se doit donc d'être abordé comme le chant du cygne de Hayao Miyazaki, bien que sa retraite et le retour au travail annoncés les mois et années suivantes furent particulièrement médiatiques. Avec un budget très important, trois années de production et l'atteinte d'une forme de sommet de son art technique, Miyazaki semble vouloir, avec *Le Vent se lève*, marquer un point final en forme d'adieu à sa carrière de réalisateur.

Le film déroule une narration elliptique de la vie[76] de Jiro Horikoshi, ingénieur en aviation, de son enfance à la création du chasseur A6M Zero chez Mitsubishi pour son utilisation par l'armée japonaise dans le conflit mondial des années 1940. En parallèle, sa rencontre puis sa relation avec Nahoko ponctuent ce qui s'apparente à une biographie. On est donc loin des thématiques fantasques voire gaguesques avec lesquelles Miyazaki nous nourrit habituellement, *Princesse Mononoké* mis à part. *Le Vent se lève* s'avère ainsi éminemment ancré dans le réel, mais n'en oublie pas non plus de jouer avec la frontière entre rêve et réalité. Plus difficile à aborder que ses précédents films, plus autobiographique également, le long-métrage se livre en particulier

76. Un choix inédit dans la filmographie du réalisateur, qui déroule à l'accoutumée des histoires sur une unité de temps restreinte.

aux amateurs précis et aux connaisseurs non seulement de l'œuvre de Miyazaki, mais également de sa vie, pour trouver des clés de lecture à une production finalement très personnelle. Très détaché de la structure narrative plus classique des précédents films de Hayao Miyazaki, *Le Vent se lève* se montre également profondément ancré dans des périodes difficiles de l'histoire japonaise, quoique forcément anglé. Il a ainsi pu se faire taxer à la fois de film révisionniste et anti-patriotique au Japon, ou encore faisant l'apologie de la guerre pour d'autres.

Résumé

Le jeune Jiro, passionné d'aviation, découvre dans un journal le fameux concepteur d'avions Giovanni Caproni. Doté d'une mauvaise vue et ne pouvant devenir pilote, il décide de devenir ingénieur aéronautique. Étudiant, il subit le séisme de Kanto en 1923 à bord d'un train où il fait également la rencontre de Nahoko, une jeune fille de bonne famille de Tokyo. Après ses études, il va travailler à l'entreprise Mitsubishi de Nagoya sous les ordres de Kurokawa, où il retrouve son camarade d'université Honjo. Après l'échec de leur premier prototype de chasseur, il est envoyé en Allemagne pour étudier la technologie de l'entreprise Junkers et notamment leurs bombardiers. Dans ses rêves, Jiro rencontre une nouvelle fois Caproni et ils débattent autour de la raison d'être des avions. Plus tard, au Japon, Jiro travaille à nouveau sur la conception d'un chasseur, mais son prototype est également défectueux. Après ce nouvel échec, il passe l'été dans une pension de montagne où il rencontre l'Allemand Castorp qui lui parle de l'expansion des nazis et de la grande guerre inévitable. Il y retrouve également, par hasard, Nahoko, à qui il avoue ses sentiments malgré la maladie de la jeune femme qu'il découvre atteinte de la tuberculose. Ayant fait promettre à Jiro d'attendre qu'elle soit guérie pour l'épouser, Nahoko part en sanatorium, mais elle supporte mal d'être éloignée de son bien-aimé et finit par le rejoindre chez Kurokawa, qui n'accepte de les héberger qu'à la condition qu'ils soient mariés, ce qu'ils font le soir même. Grâce à la présence de Nahoko, Jiro peut travailler avec passion et son invention prend forme. Il s'absente quelques jours pour tester le chasseur en vol qui bat des records de vitesse ; profitant de son absence, Nahoko retourne au sanatorium pour y mourir seule. Dans un dernier rêve, Jiro et Caproni discutent sur un cimetière d'avions. Jiro explique qu'il est responsable de tous les morts de la guerre, mais Caproni lui demande d'être fier de ses créations et Nahoko, de vivre sa vie.

UN CONTEXTE HISTORIQUE AUTOBIOGRAPHIQUE

C'est au spectateur de démêler les séquences réelles de celles fantasmées. Ce flou orchestré par Miyazaki tout au long de sa filmographie semble atteindre ici son acmé : ce qui est vécu dans un rêve n'est pas moins tangible que ce qui l'est dans la réalité. Sauf qu'ici, tout le volet animiste est laissé de côté pour se focaliser sur l'humain, définitivement au cœur du propos. Pour cela, la perception du film est rendue organique, des machines volantes parées d'ailes d'oiseaux aux bruitages à la bouche — pour les moteurs d'avion principalement — qui prennent alors tout leur sens dans cette narration ubiquitaire.

Si les déroulements fondamentaux du *Vent se lève* sont sans doute moins fantaisistes qu'à l'accoutumée, ils accordent toutefois une place centrale à l'imaginaire, sans oublier de disperser des clés de lecture ouvertes, de sorte que le spectateur puisse lui-même définir ce qu'il classe comme rêve ou réalité, ce à quoi il choisit de donner du sens et ce qui participe à la construction des protagonistes. Paradoxalement, le récit semble ainsi moins issu de l'imaginaire du réalisateur, car toujours perçu par un prisme, en l'occurrence celui de Jiro, Caproni n'étant qu'une seconde porte d'entrée. Cette limite de plus en plus ténue encourage une vision moins subie de cette époque terrible abordée par quatre biais marquants de ce pan de l'histoire du Japon : la grande dépression des années 1920, le gigantesque tremblement de terre du Kanto en septembre 1923, l'entrée en guerre du Japon dans la Seconde Guerre mondiale, et enfin l'épidémie de tuberculose encore mal maîtrisée sur l'Archipel.

Le personnage de Jiro, à de nombreux égards, porte la marque de Miyazaki, qui y intègre des pans entiers de son existence, dès son désir contrarié de devenir pilote pendant son enfance. Lorsque Kurokawa offre à Jiro d'imaginer l'avion expérimental, ce dernier réclame de travailler avec son ami et collègue ingénieur, ce que son chef refuse en lui expliquant : « ne travaille jamais avec tes amis ; la seule chose que tu y gagneras c'est une rivalité ». Difficile de ne pas y voir là la relation contrastée et compliquée du réalisateur avec son confrère Isao Takahata depuis les années 1990 jusqu'au décès de ce dernier. Le couple qu'il forme avec Nahoko[77] s'avère tout aussi troublant : comme Miyazaki, Jiro est tiraillé entre sa carrière et son amour tout aussi passionnel. L'ingénieur doit composer avec la tuberculose de son épouse, maladie qui a aussi alité la mère du réalisateur pendant neuf ans, dont trois à l'hôpital (thématique déjà amenée dans *Mon voisin Totoro* et le dernier arc du manga *Nausicaä*). De candide et innocente, la relation entre Jiro et Nahoko prend un grave tournant après leurs fiançailles et la découverte du mal de la jeune femme ; à partir de là, l'épée de Damoclès leur ouvre une autre facette, celle de l'évanescence et de l'importance de chaque moment. Miyazaki s'autorise alors à montrer beaucoup de baisers, acte à la fois rare dans sa filmographie et dans la société japonaise, a fortiori des années 1930 et 1940. Mais la dichotomie la plus forte pour Jiro reste peut-être celle des conséquences de son art : pour concevoir l'avion parfait, il doit créer des machines à tuer. L'avion Zero, dont on se souviendra pour Pearl Harbor et les kamikazes japonais, est précisément celui pour lequel l'usine du père de Miyazaki a livré des gouvernails. En se faisant rappeler par Caproni[78], à la fin du film, qu'il est une des causes de la destruction de son pays, Jiro semble inspirer une paix certes posthume entre un Miyazaki antimilitariste[79] et son géniteur sans états d'âme. Les créations volantes de Jiro, imaginées par le réalisateur, sont, elles, des machines semi-organiques, à la croisée de

77. Inspiré de la véritable histoire d'amour de l'écrivain Tatsuo Hori, auteur du roman original *Le Vent se lève* en 1937.
78. Celui à qui l'on doit le nom du studio Ghibli, inspiré de l'un de ses avions.
79. Il est tout de même intéressant de se demander pourquoi le film a suscité des polémiques sur son propos, au point que certains ont cru y voir une apologie de la guerre, position absurde et impensable si l'on connaît un minimum les précédentes œuvres de Miyazaki. En vérité, le nationalisme reste un sujet très sensible et compliqué au Japon (pays qui, on le rappelle, reste encore malheureusement révisionniste dans ses livres d'histoire), où chaque camp essaie de tirer la couverture à soi. De fait, Jiro étant un personnage ambigu, cette ambivalence a donné corps à des interprétations biaisées en fonction des convictions fermes et des idéologies de chacun. Pour plus d'informations sur la question du nationalisme au japon, lire l'article « Yasukuni et le problème du nationalisme japonais » sur *Kanpai!* : https://www.kanpai.fr/societe-japonaise/yasukuni-probleme-nationalisme-japonais

l'avion et de l'oiseau, aux moteurs qui battent comme des cœurs. Dans les derniers instants du long-métrage, les aviateurs décédés au combat rejoignent leur cimetière communautaire, la longue voie lactée nuageuse, celle-là même découverte vingt ans plus tôt dans *Porco Rosso*.

Chant du cygne entre rêve et réalité

Plus organique voire plus charnel, *Le Vent se lève* l'est également à travers toute sa construction dans le cadre d'une production fabuleuse, des décors à couper le souffle à l'animation permanente et saisissante qui illustre l'échappatoire offerte par les cieux. Plus étonnant encore est le casting principal du doublage, dont on sait pourtant que Miyazaki aime à bousculer les codes. C'est Hideaki Anno, rencontré autour de l'animation du Dieu-Géant de *Nausicaä* puis réalisateur notamment de la saga *Evangelion*, qui interprète Jiro de manière mono-expressive, collant étonnamment bien à son caractère. Le personnage de Castorp, représentation du collègue occidental Steve Alpert qui double justement le protagoniste dans un japonais balbutiant, participe également de cette volonté constante de renvoyer l'animation au concret. Tous ces éléments mis bout à bout, *Le Vent se lève* devient alors l'une des œuvres de Miyazaki les plus mélancoliques et symboliques d'une paix faite avec la perte d'espoir en l'humanité. Le poème *Le Cimetière marin* de Paul Valéry, dont le titre *Le Vent se lève* est tiré et que les protagonistes citent dans le texte à plusieurs reprises, résume bien ce constat : « Il faut tenter de vivre », un slogan déjà inspiré avec *Mononoké* (*Ikiro*, « nous devons vivre »). Comme personnifié en Jiro, le réalisateur joue avec l'idée initiale et la structure du roman de Tatsuo Hori pour y adjoindre des éléments inventés. La fin du film, à ce titre, sonne comme un adieu sans regret. Jiro n'est qu'un pion parmi d'autres et il sait que le moteur de sa création lui échappera inexorablement ; hormis Nahoko et les avions, il ne portera jamais sur le reste du monde qu'un regard volontairement naïf et détaché du réel.

La virtuosité du film est pourtant, là encore, « aussi belle que le vent ».

L'ŒUVRE DE

HAYAO MIYAZAKI

LE MAÎTRE DE L'ANIMATION JAPONAISE

Chapitre V : Thématiques transversales

Naturellement, au sein d'une œuvre aussi riche que celle de Hayao Miyazaki, des thèmes communs se retrouvent dans plusieurs des films et mangas du maître. Si le réalisateur a évidemment fait évoluer sa vision au fur et à mesure des années passées, de sa maîtrise technique et de sa popularité, de nombreux sujets sont restés fondateurs pour lui et distillés tout au long de sa carrière, à travers diverses approches. Nous avons ainsi isolé six thématiques transversales, cristallisant les thèmes chers à Miyazaki, que nous tentons de décrypter ci-après.

L'IMAGE DE LA FEMME

De la bouche même de son fidèle producteur Toshio Suzuki, « Hayao Miyazaki est un féministe ». Toutefois, même sans cette citation, la notion crève l'écran : les femmes sont la pierre angulaire des histoires racontées par le réalisateur. Dans une société japonaise contemporaine où la plupart des femmes quittent encore leur emploi à la naissance du premier enfant pour devenir mères au foyer et assurer leur fonction attendue dans la famille nucléaire traditionnelle[80], dans un couple pourtant initialement progressiste où Miyazaki lui-même a finalement demandé à son épouse de quitter son emploi d'animatrice contre son gré peu après la naissance de leur fils cadet, dans une japanimation où la femme a longtemps été et est encore bien trop souvent cantonnée à des rôles stéréotypés de femme fatale, voire de vulgaire objet sexuel ou de simple demoiselle en détresse, l'artiste fait une fois de plus figure de paradoxe en offrant aux filles et femmes, jeunes ou plus âgées, une position et un statut déterminants.

80. Malgré une plus récente baisse du nombre de mariages et une augmentation du nombre de divorces au Japon, l'image du couple japonais persiste dans cette structure classique.

Quand bien même on occulterait la figure maternelle très forte, face à ses quatre garçons, du réalisateur alors enfant, on n'aurait qu'à citer les évidences pour appuyer le propos, tant les femmes fortes et indépendantes, qui n'ont aucun besoin d'un homme, sont légion parmi les protagonistes de ses films : dès *Panda Petit Panda* (1972), en poursuivant avec *Heidi* (1974), *Nausicaä* (1984) bien entendu, *Mon voisin Totoro* (1988), *Kiki la petite sorcière* (1989), *Le Voyage de Chihiro* (2001), *Le Château ambulant* (2004) ou encore *Ponyo sur la falaise* (2008). Plus puissantes encore, certaines d'entre elles possèdent une forme de pouvoir à rapprocher de la dominante guerrière que l'on accorderait généralement plus volontiers à des hommes : c'est le cas notamment de Kushana, commandante des armées dans *Nausicaä*, de Dora, cheffe des pirates dans *Le Château dans le ciel* (1986), de Dame Eboshi, à la tête de son clan dans *Princesse Mononoké* (1997), ou encore de Yubaba, patronne d'un grand établissement de bains dans *Le Voyage de Chihiro*. Chacune d'elles a des hommes sous ses ordres qui les craignent, les respectent et ne remettent jamais en cause leurs directives respectives, une disposition relativement culottée, en particulier dans le paysage de l'animation japonaise des années 1980. Face à elles, les véritables hommes de pouvoir sont bien rares (Hauru dans *Le Château ambulant* et Fujimoto dans *Ponyo sur la falaise* en sont les deux principales figures, mais leur salut viendra… d'une figure féminine[81]) et l'étendue de leurs actions semble souvent bien limitée ; dans *Kiki*, le mari de la boulangère Osono ne parle pas et son nom n'est même pas donné tout au long du film !

Toutefois, on aurait tort de s'arrêter à ces rôles de premier plan, car les femmes de Miyazaki ont bien plus à offrir en matière de personnalités que celle de simple héroïne sans peur et sans reproche, aux qualités traditionnellement viriles. Ainsi, outre le rôle principal, on peut apprécier nombre de facettes parmi les personnages aussi bien majeurs que plus discrets dans ses œuvres. Par exemple, les femmes sont montrées par le réalisateur comme de sobres forces vives, volontaires et travailleuses, quel que soit leur âge, d'ailleurs souvent dans des conditions

81. Fujimoto n'évoque guère une figure de « pouvoir » et perd tous ses moyens dès qu'intervient sa femme et déesse.

difficiles où les hommes ont déserté pour des raisons plus ou moins valables : on les reconnaîtra alors comme ouvrières aussi bien à l'usine pour construire l'avion de *Porco Rosso* (1992) que dans les forges de *Princesse Mononoké* ou dans les bains du *Voyage de Chihiro*. Moins nombreuses, c'est pourtant encore elles qui font tourner la maison dans *Panda Petit Panda, Mon voisin Totoro, Le Château dans le ciel, Kiki la petite sorcière, Le Château ambulant* ou encore *Ponyo sur la falaise*. Même les seconds rôles montrent un rapport de dominance très clair, telle que Toki au généreux décolleté (synonyme de puissance) dans *Princesse Mononoké* qui, retrouvant son mari à la fin du film, l'invective devant un groupe d'hommes — dont le sien — apeurés.

Face à des figures comme celle-ci, les hommes de Miyazaki sont effrayés, craintifs voire recroquevillés ; on les rapproche alors volontiers d'enfants, à l'image des pirates de l'air de *Porco Rosso* qui ne pipent mot et rougissent quand la pourtant frêle Gina s'approche délicatement d'eux. Enfin, bien plus qu'une classique relation mère-fille, totalement absente de sa filmographie[82], Miyazaki favorisera plutôt un duo « *senpai-kohai* » très japonais[83], que l'on pourrait imaginer de notre prisme comme celui des « deux sœurs ». Cette double facette, fondamentale dans la construction des œuvres du réalisateur, s'initie tout à fait naturellement dans *Conan, le fils du futur* (1978) à travers Lana et Monsley. Ce prototype ne quittera plus jamais les productions de Miyazaki à partir de là : Clarisse et Fujiko, Nausicaä et Kushana, Sheeta et Dora, Mei et Satsuki (naturellement), Kiki et Ursula, Fio et Gina, San et Eboshi, Chihiro et Lin, Sophie et la Sorcière des landes (dans une moindre mesure), Ponyo et Lisa ou encore Kayo et Nahoko, en sont autant d'avatars et de déclinaisons aux rapports ténus, dérivés dans leurs histoires respectives et articulant autour d'elles les clés de voûte des histoires du maître de l'animation.

82. Si l'on met de côté les premières minutes rapidement expédiées de *Kiki la petite sorcière* et éventuellement la relation Moro-San de *Princesse Mononoké*. Est-il utile en outre d'aborder la relation mère-fils de *Ponyo* où Sosuke appelle sa mère « Lisa-san » (« madame Lisa »), elle qui boit de la bière, roule à toute allure en bravant les dangers, et rabat le caquet de son mari en morse ? Le fait que Sosuke appelle sa mère de cette manière est étonnant et s'éloigne des habitudes linguistiques de la famille japonaise traditionnelle.
83. Que l'on pourrait traduire par « expérimentée-novice ».

L'ŒUVRE DE HAYAO MIYAZAKI

LE MONDE ANIMAL ET LA PLACE DU COCHON

Si Hayao Miyazaki accorde une grande place à l'animal au sein de ses œuvres, celle-ci s'avère au final assez éloignée de la vision occidentale. Vu de notre prisme, l'animal tel que représenté dans le monde de l'animation se montre soit sous les traits d'un compagnon fidèle de personnages humains, soit en tant que protagoniste soumis à un anthropomorphisme décomplexé depuis bientôt un siècle à l'initiative des productions Disney, un phénomène largement suivi et alimenté depuis. Ainsi, il n'est finalement bestiole qu'en raison de son apparence et son rendu, jouant à la fois avec quelques bénéfices et contraintes somme toute légères liées à sa condition mais, doué de parole, son statut d'animal n'est parfois rien de plus qu'une simple excuse pour offrir une approche sensiblement décalée.

Largement inspiré par ses pairs (parmi lesquels Osamu Tezuka en premier lieu) eux-mêmes biberonnés à cette vision occidentale, le début de carrière de Miyazaki vient régulièrement singer cette démarche relativement simpliste. Ainsi, ses premiers travaux d'animation dévoilent soit des animaux dans ce qu'ils ont de plus brut (les loups de *Horus, prince du Soleil*), soit des versions anthropomorphiques très proches de ce que peut livrer Disney (*Le Chat botté*, *Panda Petit Panda*, *Sherlock Holmes*), quand les bêtes ne sont pas tout simplement absentes de ses productions (*Conan, le fils du futur*, *Le Château de Cagliostro*). Ce n'est qu'à partir du début des années 1980 que Miyazaki commence une recherche créative sur l'animal, qui prendra un rôle de plus en plus important à mesure de l'évolution de sa carrière. La véritable élaboration imaginaire du mangaka vient vraisemblablement avec l'accouchement du monstre *Mononoke* sur papier, une quinzaine d'années avant la production du film bien connu (voir le début du chapitre consacré au long-métrage), qui prend comme une dimension libératoire. À partir de lui, Miyazaki s'autorise d'abord à imaginer une faune riche et plus ou moins inspirée du réel (dans *Nausicaä de la vallée du vent*), rappelée timidement dans *Le Château dans le ciel* à travers Teto. Puis il leur confère une dimension spirituelle inspirée du shintoïsme dans *Mon voisin Totoro* tout en respectant une dynamique de création inédite (le trio délicieux Totoro-noiraude-Chat-bus), avant de revenir plus timidement au rôle d'acolyte doué d'une parole justifiée par la magie dans l'univers de *Kiki la petite sorcière*.

L'acmé de cette vision vient dans les années 1990 avec un triptyque éloquent. Tour à tour, Miyazaki enchaîne *Porco Rosso* (dans lequel le protagoniste est un humain transformé en cochon à la suite d'une malédiction qu'il s'est lui-même jetée), *Princesse Mononoké* (où les dieux sont des animaux séculaires géants et protecteurs de la nature), jusqu'au fantasmatique *Voyage de Chihiro* qui agit comme pivot dans cette démarche (le riche bestiaire, à la frontière du monde animal, y fourmille à la fois d'inventivité et d'inspiration shinto). Après *Chihiro*, l'animal semble progressivement se faire plus discret dans l'œuvre d'un Miyazaki qui naviguera plutôt désormais entre fantasme et désespoir. Si Hihn, le chien supposément bêta du *Château ambulant* révèle tardivement une façade plus épaisse (espion à la solde de la sorcière Suliman, il sera celui qui lui demandera de mettre un terme à la guerre), son rôle restera finalement très limité et sa présence à l'écran réduite au minimum syndical. *Ponyo sur la falaise* dévoile ensuite une démarche plus centrale, dérivée de *Porco Rosso* mais infiniment plus riche dans la mesure où sa mignonne protagoniste, un petit poisson qui rêve de devenir une fillette, ne cessera de changer d'apparence en fonction de ses capacités, piochant ici ou là des idées de membres supérieurs et postérieurs pour des rendus multiples libérés de toute contrainte organique. Totalement absents du *Vent se lève*, si l'on excepte l'approche organique conférée à certains avions dont les ailes sont empruntées à celles d'oiseaux, les animaux reviennent finalement sur le devant de la scène chez Miyazaki avec son court-métrage *Boro la chenille*, d'où les humains sont tout simplement absents. Loin d'ériger le monde des animaux comme dénué de malice face à la folie destructrice des hommes, le créateur y imagine sans doute plutôt un univers aux codes et aux fonctionnements finalement pas si éloignés de celui des humains. La religion shintoïste, écrasante au Japon bien que non exclusive, voit ses esprits protéiformes vivre en surcouche avec notre propre monde. Il ne fait nul doute que celui des animaux y vit en parallèle dans l'œuvre du maître, partageant dans la mesure du possible un espace bien réel avec des comportements humains qu'il tentera parfois de dénoncer.

Parmi le vaste bestiaire de l'univers de Hayao Miyazaki, il est un animal plus représenté que les autres : le cochon. Pivot évident de l'intrigue de *Porco Rosso*, il est également celui en quoi les parents de la fillette se transforment dans *Le Voyage de Chihiro*[84]. Ailleurs, dans *Princesse Mononoké*, les nobles dieux sangliers deviennent progressivement plus petits et plus bêtes, perdant leur capacité langagière chez les plus jeunes ; en somme, ils deviennent de vulgaires porcs. Miyazaki se dessine d'ailleurs lui-même quasi systématiquement en tant que cochon, allant jusqu'à nommer son propre studio « Butaya » (littéralement « la maison des cochons »). Comme en français, la langue japonaise possède son lot d'expressions autour du porc et celles-ci lui confèrent une représentation tout aussi négative : sale et benêt, sans tri (omnivore) et sans scrupule, le cochon est ce à quoi le caractère avide et égoïste devrait ressembler dans l'imaginaire du réalisateur.

Les enfants et l'humanisme, le passage à l'âge adulte, face à la maladie

À s'y pencher avec attention, la prolixe carrière de Miyazaki, pourtant étalée sur plus de quatre décennies, n'a présenté qu'une poignée de protagonistes adultes : Lupin en 1979 dans *Le Château de Cagliostro*, Marco en 1992 dans *Porco Rosso* et enfin Jiro en 2013 dans *Le Vent se lève*. Tout le reste de ses personnages principaux sont des enfants (Horus, Fifi, Mimiko, Heidi, Conan et Lana, Pazu et Sheeta, Satsuki et Mei, Chihiro, Ponyo...) ou des adolescents (Nausicaä, Kiki, Ashitaka et San, ou encore, bien qu'elle soit un peu plus âgée, Sophie...). Au moment de l'action, nombre d'entre eux sont d'ailleurs soit orphelins, soit déracinés du noyau familial, soit dénués de véritable figure parentale. Plus loin encore : leurs principaux ennemis sont régulièrement des adultes qui semblent aveuglés par la soif de pouvoir ou quelque autre objectif égoïste et écrasant, en tout cas privés de tout bon sens.

84. Si cela n'a pas été évoqué explicitement par Miyazaki, ce passage dans *Chihiro* peut rappeler *L'Odyssée* d'Homère : les compagnons d'Ulysse, après avoir bu un breuvage empoisonné, sont transformés en porcs par la magicienne Circé.

Les enfants sont donc plus humains que les adultes, ne comprenant pas toujours leurs motivations face à une candeur et un enthousiasme humaniste qui les animent, une grande pureté et ouverture d'esprit sans peur et sans haine qui peuvent les conduire à craindre la maturité et l'envie de grandir pour devenir eux-mêmes inexorablement des adultes froids, détachés et parfois désespérés. Marco Pagot lui-même réfute ce monde des adultes en devenant un cochon et tente d'en protéger Fio avant de se la voir imposer ; ses guéguerres avec les Mamma Aiuto et autres pirates du ciel ressemblant tout bonnement à des querelles de récréation.

La responsabilité, pourtant nécessité logique des adultes, est dans les films de Miyazaki l'apanage des enfants avec des situations où les rôles s'inversent fréquemment : ces derniers doivent agir comme des adultes qui eux-mêmes ont perdu le sens du devoir. Paradoxalement, les enfants sont à la fois ceux qui pardonnent le plus et ceux qui gardent une foi et un optimisme inépuisables envers leurs adjuvants comme vis-à-vis de leurs opposants ; il n'y a pas de distinction faite entre le « bon » et le « mauvais », encore moins entre le « gentil » et le « méchant », à contre-pied du manichéisme habituel des productions occidentales. La violence et la bêtise sont certes vaines, mais surtout, au final, pas absolues : une solution, la correction puis le pardon existent et ils sont le plus souvent permis par les choix et les actes des enfants eux-mêmes quel que soit ce qu'ils aient dû subir.

Une grande partie de leur courage vient de la confrontation avec l'injustice inexorable de la maladie. Il y a évidemment la tuberculose, lourdement présente dans *Mon voisin Totoro* et *Le Vent se lève*, où Miyazaki exorcise sa propre expérience avec la condition de sa mère lors de son enfance, mais également l'acceptation des ravages de l'âge et de la maladie comme les subit Nausicaä face à son père Jill. Dans *Princesse Mononoké*, Ashitaka doit trouver les racines du mal dont il a été infecté, avant de découvrir et sympathiser avec les malades de la lèpre. Dans *Le Château ambulant*, Sophie souffre elle aussi d'une malédiction de vieillissement soudain, pas seulement cosmétique puisqu'elle y adjoint toutes les difficultés impliquées par la baisse des capacités physiques liée à son âge nouveau. Jusqu'à Ponyo qui doit composer naïvement, sans le savoir elle-même, avec l'affliction qui la touche depuis qu'elle a joué avec les substances magiques de Fujimoto, naviguant entre humaine et poisson en y ajoutant parfois des membres comme ceux tirés du poulet et avec une tête de grenouille, menaçant sans le vouloir l'équilibre des océans. Devant ces difficultés, on notera la naissance de l'amour jusqu'à un contact physique qui intervient particulièrement rapidement, d'abord pour des enfants et surtout dans une production et une société japonaises plutôt habituées à une grande retenue. Mais les protagonistes de Miyazaki aiment pleinement, inconditionnellement et avec une infinie candeur. Les héroïnes suscitent des émotions vives, les couples se forment naturellement comme si chacun avait trouvé la moitié qui lui avait toujours manqué et pour cela, les exemples sont légion tout au long de la carrière du réalisateur : Horus et Hilda, Conan et Lana, Lupin et Clarisse, Nausicaä et Asbel, Pazu et Sheeta, Satsuki et Kanta, Kiki et Tombo, Marco et Gina, Ashitaka et San, Chihiro et Haku, Sophie et Hauru, Ponyo et Sosuke, et enfin Jiro et Nahoko.

De la même manière, Miyazaki met un point d'honneur à faire respecter par ses jeunes protagonistes les personnes âgées : Conan s'occupe de son grand-père jusqu'à son tragique décès ; les doyennes des villages de *Nausicaä* et *Mononoké* sont consultées et suivies pour leur savoir et leur sagesse ; Sophie s'occupe de la Sorcière des landes comme une femme mariée le ferait avec sa belle-mère, quand bien même fusse-t-elle celle qui l'a maudite ; quant à Sosuke, il prend soin d'entretenir une bonne relation avec les pensionnaires de la maison de retraite où travaille sa maman ; Totoro lui-même se courbe devant la grand-mère Chat-bus dans le court-métrage *Mei et le chaton-bus*.

Relation à la nature

On dit souvent des œuvres de Miyazaki qu'elles sont des fables écologistes. Il semble que le réalisateur réfléchisse plutôt à mettre en lumière les excès et une certaine folie des hommes, cherchant préférablement à orienter vers une forme d'harmonie, aussi bien entre les espèces qu'avec leur environnement commun. Toutefois, il est très clair que si l'humain est systématiquement l'élément central ainsi que l'initiateur de la destruction dans les travaux de Miyazaki, il est d'abord l'artisan de sa propre perte. Ses actes sont ceux qui non seulement génèrent des conséquences cataclysmiques (*Conan, le fils du futur*, *Nausicaä*), mais par là même le font disparaître presque intégralement de la surface de la Terre et/ou revenir à un stade technologique et d'évolution ancestrale. Bien au-delà, l'homme ne réfléchit pas aux sources de ces catastrophes, mais ne transmet pas non plus les causes afin d'éviter à nouveau les mêmes corollaires.

Les dénonciations majeures des œuvres de Miyazaki s'organisent généralement autour d'un expansionnisme civilisationnel avide de richesse ou de pouvoir, industriel ou militaire, sans conscience des conséquences environnementales et, par suite, de la faillite de l'homme lui-même. Il n'y a pas, à l'origine de l'acte humain, de démarche néfaste, volontaire, d'une destruction de la nature ; cette dernière est plutôt simplement sacrifiée sur l'autel de desseins plus terre à terre ou capitalistiques. Dans *Princesse Mononoké*, où les hommes sont à la veille d'une destruction de la nature et où les dieux eux-mêmes leur répondent par la violence, les motivations d'un personnage majeur comme celui d'Eboshi, dont les forges sont la cause d'une déforestation, d'un pillage de la nature et de sa pollution, sont celles d'une femme de pouvoir qui cherche à asseoir son autorité pour protéger son camp et par là même des populations fragiles. Dans *Nausicaä*, les bribes de civilisation à avoir survécu aux Sept Jours de feu cherchent à détruire le Fukai, cette forêt qui n'a de toxique que ce qu'elle rejette du poison humain qu'elle s'est vue infliger mille ans plus tôt. Son salut inespéré et inattendu réside en outre dans les fondations de cette forêt qui, sous des sables mouvants, cachent un air éminemment pur et une terre cristalline. Dans *Le Voyage de Chihiro*, Haku retrouve ses origines à la fin du film, dévoilant qu'il est l'esprit d'une rivière polluée par les hommes ; de nombreux esprits qui viennent se laver à Aburaya sont d'ailleurs dans un cas similaire, quoique moins avancé. À travers la nature, c'est avant tout un regard aussi bien sur l'humanité et son aveuglément qui sont ainsi proposés par Hayao Miyazaki. Si la nature se montre effroyable, elle ne l'est le plus souvent qu'en réponse aux actes irréfléchis de l'homme.

Dans nombre de ses mangas et films, en outre, le réalisateur n'oublie pas de concevoir un sanctuaire protecteur et sacré, sous la forme d'un jardin d'Éden éloigné de toute civilisation, où les protagonistes viennent chercher et souvent trouver la sérénité. Protéiforme, il se révèle ici sous les traits d'une crique dans *Porco Rosso* (que les benêts Mamma Aiuto vont abîmer sans y réfléchir), là au cœur d'un immense camphrier carrollien dans *Mon voisin Totoro* où il dépeint dans le même temps une campagne nostalgique du Japon d'antan, là encore à travers cette prairie abandonnée du *Château ambulant* où les protagonistes, littéralement hors du temps, sont enfin isolés de toute guerre, ou bien évidemment sur l'île flottante abandonnée pendant des siècles du *Château dans le ciel*. Plus onirique, *Le Vent se lève* fait se réfugier Jiro dans ses propres songes où des plaines sans fin voient des avions organiques (bruités à la bouche !) décoller en toute quiétude. Choqué par des désastres écologiques bien réels (la catastrophe de Minamata, dans la première moitié du XXe siècle, en tête de file), Miyazaki dénonce avant tout l'absence de respect des hommes pour la nature, là où ils devraient comprendre qu'elle est celle qui leur permet tout bonnement de vivre[85]. Dans le même temps, il porte un soin délicieux à sa représentation aussi bien qu'à ses processus : des vues, mouvements et autres bruits aussi essentiels que le vent, la pluie ou encore le crépuscule sont souvent oubliés des productions de ses pairs ou exploités seulement à des fins graphiques. Hayao Miyazaki prend régulièrement le temps, notamment dans ses longs-métrages, de s'attarder sur ces petits moments essentiels du quotidien, en leur accordant de longs plans et parfois même des séquences entières décrivant précisément leurs bienfaits, loin de toute dénonciation. La nature y est bien vivante, présentée pas seulement comme un paysage foulé par les personnages dans le cadre de leurs actions, mais aux ramifications vastes et aux possibilités puissantes. Ces paradis perdus, de plus en plus difficiles d'accès, restent définitivement à chérir et protéger. Car dans la vie idéale de Miyazaki, les humains, la nature, les robots et les esprits tentent, peut-être sans le savoir, de simplement vivre en harmonie.

85. Il est d'ailleurs un généreux donateur aux associations de sauvegarde de la nature, en premier lieu la fondation « Totoro no Furusato » qui travaille à la sauvegarde des collines de Sayama à une quarantaine de kilomètres de Tokyo.

Religion, mythologie, spiritualité et divinités

D'un point de vue occidental, plusieurs films de Hayao Miyazaki mettent en scène ce que l'on peut voir comme des représentations de dieux qui interagissent directement avec les événements, intervenant sur le cours de l'histoire. À y regarder de plus près, il y en a cinq, soit moins de la moitié de sa filmographie en longs-métrages : *Nausicaä de la vallée du vent* (1984), *Mon voisin Totoro* (1988), *Princesse Mononoké* (1997), *Le Voyage de Chihiro* (2001) et enfin *Ponyo sur la falaise* (2008). Dans ces cinq-là, le réalisateur crée un pont entre les mondes, généralement en les faisant se superposer ou, dans le cas précis de *Chihiro*, en ouvrant sur un univers séparé de la réalité, à la manière d'*Alice au pays des merveilles*. Ces dieux n'en sont pourtant pas à proprement parler, en tout cas pas de la manière dont un œil non japonais peut se les représenter.

Très loin du monothéisme, le peuple nippon navigue plutôt au sein d'un syncrétisme shinto-bouddhiste et d'une pratique organique très répandue et particulièrement intégrée dans la société et la vie quotidienne. Ainsi, en 2015, près de trois habitants sur quatre se définissent d'obédience shintoïste (d'origine japonaise) et quasiment autant se réfèrent au bouddhisme (d'inspiration chinoise et coréenne). Sachant que les deux pratiques ne sont pas exclusives, la quasi-totalité de la population japonaise est ainsi couverte par ce syncrétisme[86]. Miyazaki lui-même ne se définit d'aucun culte, lorsqu'il aborde (rarement) ce sujet pendant des entretiens. Toutefois, ayant grandi dans un territoire où les traditions se montrent fortes, il possède comme tout Japonais un rapport particulier à la spiritualité qui ne considère pas de notion de bien ou de mal, ni d'enfer ou de paradis. Les esprits, appelés *yokai*, sont présents en toute chose naturelle ; après la mort, l'âme s'incarne elle-même dans la nature. On va prier au sanctuaire shinto, voire au temple bouddhique, pour de nombreux événements dans l'année (nouvel an, fête des morts...) et tout au long de la vie (passage à l'âge adulte, avant un examen ou un entretien, cérémonie de mariage ou de décès...) ou même pour des objectifs

86. Moins de 10 % des habitants du Japon se disent pratiquants d'une autre religion, parmi lesquels près de 25 % de chrétiens.

parfois plus terre à terre (santé, amour, prospérité... certains sanctuaires sont même consacrés à la prévention routière !).

Les esprits des œuvres de Miyazaki, eux, sont soit tirés ou inspirés du riche folklore japonais (c'est le cas principalement dans *Le Voyage de Chihiro*), soit imaginés par le réalisateur lui-même dans une démarche créative au service de ses histoires. Mais bien que créés ex nihilo, et quand bien même notre prisme pense Totoro comme le dieu de la forêt ou Ponyo comme la princesse des océans, ces « divinités » comme on aime à les appréhender restent fondamentalement des représentations *yokai* d'esprits comme on les pense au Japon. Rien n'est indiqué sur leur contrôle, leur pouvoir, leurs objectifs ni leur utilité, et encore moins sur leur position de « pointe d'iceberg ». En effet, les mondes que Miyazaki nous dévoile à travers ses films ne révèlent peut-être pas tous leurs secrets ; après tout, dans le court-métrage diffusé exclusivement au musée Ghibli qui fait suite à *Mon voisin Totoro*, les Chats-Bus sont nombreux et protéiformes alors même qu'on le croyait unique dans le long-métrage d'origine, et des hordes de dérivés de Totoro font leur pèlerinage dans le grand arbre. Plus loin encore, les divinités supposément omnipotentes des films de Miyazaki ne le sont en fait jamais : Gran Mamare, la déesse des océans dans *Ponyo sur la falaise*, ne peut qu'encourager sa fille à rétablir la balance sans montrer aucun contrôle sur celle-ci ; le dieu-cerf de *Princesse Mononoké* se fait décapiter par une seule balle de fusil bien visée ; quant aux dieux de la destruction de *Nausicaä*, ils sont le fruit même de la création humaine !

Guerre et destruction, vers une échappatoire dans les cieux

Un autre trait commun des œuvres majeures de Hayao Miyazaki se reconnaît encore aisément : l'univers dans lequel évoluent les protagonistes s'inscrit dans une trame meurtrière liée à des luttes armées de diverses causes et à des échelles variables. Il est même plus court de lister les travaux du réalisateur dans lesquels la guerre ne fait pas partie du contexte scénaristique : *Panda Petit Panda*, *Le château de Cagliostro*, *Mon voisin Totoro*, *Kiki la petite sorcière*, *Le Voyage de Chihiro* et

Ponyo sur la falaise sont les six seules véritables œuvres à ne pas en faire état. Né en pleine Seconde Guerre mondiale, l'année même de l'attaque surprise de la base aéronavale américaine de Pearl Harbor, Hayao Miyazaki est à jamais marqué par le conflit dans son enfance, avec en prime une position difficile à assumer, son père étant fournisseur de pièces aéronautiques notamment pour les bombardiers kamikazes. Cela se traduit donc tout à fait naturellement dans les histoires qu'il met en scène, que cela soit de manière plus ou moins réaliste à travers notamment ce second conflit international (dans *Porco Rosso* et *Le Vent se lève*), par des batailles souvent militaires de clans ou d'États (*Horus, prince du soleil, Princesse Mononoké, Le Château dans le ciel, Le Château ambulant*) ou, plus marquant encore, dans des univers qui portent les stigmates d'une guerre nucléaire passée ayant décimé quasiment toute l'humanité (*Conan, le fils du futur* et *Nausicaä de la vallée du vent*, véritables témoins métaphoriques des ravages des bombes atomiques subies par Hiroshima et Nagasaki en août 1945 ; la fin du *Château dans le ciel* ouvrant vers cette éventualité quasi divine via le rayon destructeur de Laputa). En outre, nombre des protagonistes de Miyazaki sont hantés également par une guerre intérieure plus personnelle, soit un dilemme qui les tourmente principalement face au reste de l'humanité, ou encore dans une difficulté intérieure à garder sa neutralité et son pacifisme au sein d'un entourage belliqueux.

Face à ces luttes, Hayao Miyazaki use d'échappatoires plus courantes encore dans ses œuvres : les machines volantes. Plus souvent imaginaires que réalistes (*Le Vent se lève* et ses avions historico-organiques se plaçant à mi-chemin), elles sont présentes dans neuf des onze films du maître ; les exceptions étant *Princesse Mononoké* (lié à son contexte historique) et *Ponyo sur la falaise* (redite de *Panda Petit Panda* avant tout ancrée dans l'aquatique). Pour les autres, la créativité de Miyazaki autorise des merveilles d'ingéniosité et de design, dès *Nausicaä* avec le fameux Moeve de l'héroïne, suivi des multiples tailles d'engins jusqu'à l'île volante de Laputa, de la toupie de Totoro et autres capacités des Chats-bus, du balai de la sorcière Kiki, des évidents aviateurs de *Porco Rosso*, de Haku le dragon volant de *Chihiro*, jusqu'à la marche flottante de Hauru pour prendre de la hauteur. Miyazaki lui-même est un grand amateur d'avions et pilote ses propres aéronefs.

L'ŒUVRE DE

HAYAO MIYAZAKI

LE MAÎTRE DE L'ANIMATION JAPONAISE

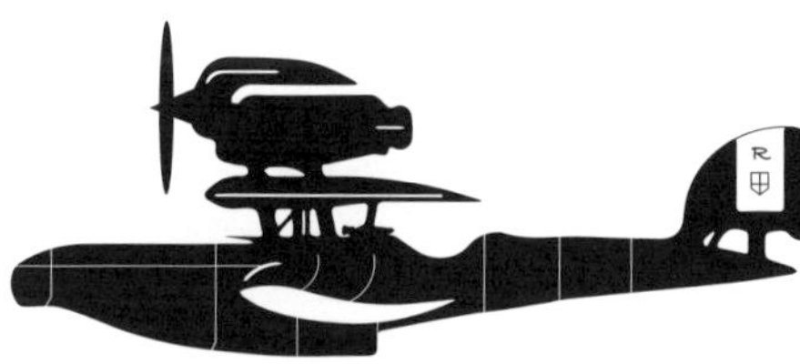

CHAPITRE VI : L'HÉRITAGE DE MIYAZAKI

L'aura de Hayao Miyazaki a ceci de particulier qu'il est, depuis de longues années voire plusieurs décennies déjà, connu et reconnu comme le porte-étendard et représentant le plus total de l'animation japonaise. L'homme est immédiatement le premier cité dans cette catégorie, aussi bien à l'extérieur du Japon que dans son propre pays. Son statut de « maître » de la japanimation n'est plus à prouver et ce probablement depuis les années 1970 et 1980, avec ses premiers chefs-d'œuvre comme *Conan, le fils du futur*, *Le Château de Cagliostro*, *Nausicaä*, *Le Château dans le ciel* ou encore *Mon voisin Totoro*. Sa notoriété à l'international, si elle s'est construite bien plus tardivement — principalement à partir de *Princesse Mononoké* à la fin des années 1990, puis plus largement encore avec *Le Voyage de Chihiro* au début des années 2000 —, n'est aujourd'hui plus à démontrer. On lui connaît depuis, en Occident, une renommée à laquelle seuls quelques rares cinéastes — et même artistes — japonais peuvent prétendre. On citera ainsi évidemment dans cette catégorie Osamu Tezuka, Akira Kurosawa ou encore Takeshi Kitano à ses côtés.

LA PERCEPTION DE LA JAPANIMATION EN OCCIDENT

Avant cette percée de Miyazaki, il faut d'ailleurs se souvenir de ce qu'était l'image de l'animation japonaise en Occident et notamment en France. Le long-métrage d'animation y était alors quasi inexistant, à l'exception peut-être d'*Akira* de Katsuhiro Otomo (1988, diffusé dans les salles françaises à partir de 1991), bien porté par son manga localisé dès 1990 dans l'Hexagone par l'éditeur Glénat. La japanimation se limitait plutôt aux séries d'animation diffusées par *Récré A2* (1978-1987) puis le *Club Dorothée* (1987-1997) notamment, avec des œuvres comme *Goldorak*, *Albator*, *Les Chevaliers du Zodiaque*, *Le Collège fou fou fou*, *Ken le survivant*, *Jeanne et Serge*, *Nicky Larson*,

Olive et Tom, Ranma 1/2, Sailor Moon, ou évidemment *Dragon Ball*, pour ne pas toutes les citer. Des séries progressivement portées par l'introduction du format manga en France dans les années 1990. Mais ce pan pourtant important et troyen de la culture populaire japonaise était plutôt vu d'un mauvais œil par l'intelligentsia, la classe politique et les groupes bien-pensants en général, le stigmatisant et le limitant à ses caractères abrutissants, violents voire pervers ; en ce sens, Hayao Miyazaki a nettement et durablement contribué à balayer cette image difficile traînée par la japanimation en Occident, lui permettant de pivoter élégamment vers une approche et un ressenti beaucoup plus artistiques. Sa capacité à livrer des œuvres à tiroirs, généreuses à la fois pour les enfants et les adultes, n'y est sans doute pas étrangère. Son impact dans la culture populaire occidentale atteindra d'ailleurs une forme de consécration dans le *Toy Story 3* de Pixar (Lee Unkrich, 2010) où Totoro y fait une apparition en tant que peluche, certes figurante et muette. Même si Disney Buena Vista distribue les films de Ghibli en Occident, la présence de l'esprit de la forêt parmi les autres jouets — majoritairement américains — possédés par un enfant du film reste une image forte.

Les prétendants

Alors que le maître de l'animation japonaise prend logiquement et irrémédiablement de l'âge et fait part de sa fatigue au travail, et après la triste disparition du cofondateur du studio Ghibli, la question de son héritage est naturellement sur de nombreuses lèvres, afin de chercher à découvrir qui pourrait exister dans son sillage professionnel et offrir aux amateurs d'animation japonaise un digne successeur à son seul véritable empereur. Parmi les noms récurrents qui ont circulé, certains réalisateurs et animateurs sont malheureusement décédés avant d'avoir pu survivre au maître. C'est le cas, bien sûr, de son proche confrère de six ans son aîné, Isao Takahata, mort en avril 2018 d'un cancer du poumon. Bien plus jeune, Yoshifumi Kondo nous quitta brutalement vingt ans plus tôt, à quarante-sept ans, avec une carrière pourtant toute tracée chez Ghibli. Hors du fameux studio, on citera également Satoshi Kon, parti quasiment au même âge, en 2010, d'un cancer du pancréas. On lui doit notamment des références du long-métrage d'animation japonaise telles que *Perfect Blue* (1997), *Millenium Actress* (2001), *Tokyo Godfathers* (2003) et *Paprika* (2006). En revenant au plus proche de Ghibli, Goro Miyazaki, le fils, n'a certainement pas les armes, le soutien critique ni, surtout, le talent pour prétendre à un quelconque héritage spirituel de son père. Hideaki Anno, *kohai* fidèle du maître et respecté notamment pour son chef-d'œuvre *Evangelion*, reste sur une production trop limitée en volume et en régularité pour embrasser une carrière plus globale, et son approche artistique reste de toute façon largement moins « tous publics » que celle de Miyazaki. Hiromasa Yonebayashi, lui, semble faire des pieds et des mains pour prétendre à ce statut si convoitable. Après deux essais indignes de la « marque » Ghibli (*Arrietty* en 2010 et *Souvenirs de Marnie* en 2014), il fonde son propre studio, Ponoc, avec d'autres anciens pour livrer en 2017 *Mary et la fleur de la sorcière*, un long-métrage sympathique mais tout à fait oubliable, avec de beaux décors, des personnages mitigés voire fades, un rythme discutable et surtout une absence de supplément d'âme, à la touche globale si largement inspirée de Miyazaki qu'elle en devient régulièrement gênante. Dans son style, Mamoru Hosoda se fait, lui, discrètement une place de plus en plus forte avec des productions de plus en plus solides comme *La Traversée du Temps* (2006) ou *Le Garçon et la Bête* (2015).

À la suite de son récent coup d'éclat, *Your Name* (2016), c'est Makoto Shinkai qui semble désormais plébiscité par le grand public. Succès critique et surtout public incontestable avec vingt-cinq milliards de yens de recettes au cinéma, soit plus de deux cents millions d'euros au cours de la devise d'alors, le long-métrage se classe comme le deuxième film japonais de l'histoire ayant connu le plus grand succès, juste derrière *Le Voyage de Chihiro*. Né en 1973 et graphiste de formation, Shinkai avait auparavant fait ses armes à travers de nombreux courts et moyens-métrages (notamment *Kanojo to Kanojo no Neko* en 1999, *The Voices of a Distant Star* en 2002, *5 centimètres par seconde* en 2007 et *The Garden of Words* en 2013) et surtout deux longs-métrages (*La Tour au-delà des nuages* en 2004 et *Voyage vers Agartha* en 2011) au style inimitable qui se caractérise par l'incroyable attention portée aux détails et une transversalité technique exceptionnelle. L'avenir seul nous dira, si cela est d'ailleurs possible, qui de ces noms pourra prétendre à succéder au maître Miyazaki durablement dans le cœur du public et sous les applaudissements de la critique. Néanmoins, est-ce vraiment ce que l'on doit attendre de ces « nouveaux » cinéastes ?

La nécessité de la succession

S'il est plus que plaisant de constater le succès public grandissant de réalisateurs comme Mamoru Hosoda ou Makoto Shinkai, n'est-ce pas malgré tout réducteur de les ériger en tant que successeurs de Miyazaki ? Depuis longtemps, la presse spécialisée dans le cinéma répète régulièrement cet exercice de comparaison qui peine à être pertinent. Combien de fois a-t-on lu, au détour d'un article ou d'une critique, des expressions comme « ce réalisateur est le nouveau Hitchcock », ou « il est le digne successeur de Steven Spielberg » ? Des cinéastes talentueux comme M. Night Shyamalan (*Sixième Sens*) ou Jeff Nichols (*Midnight Special*) ont eu droit à de tels rapprochements, certes élogieux, mais qui enclavent leur démarche, leur sensibilité artistique, en somme leur individualité.

Il est évidemment flatteur d'être comparé à un grand nom du cinéma, mais le septième art est aussi affaire de perspectives, de vitalité créative, de multiplicité des propositions. Et cela vaut tout autant pour le domaine de l'animation. Hayao Miyazaki est un maître, un artiste inégalable et qui n'a pas à être égalé. Son œuvre, en dépit de son universalité, est trop personnelle pour pouvoir être reproduite et singée autrement que de manière superficielle. Surtout, ne devrait-on pas célébrer au contraire la pluralité des esthétiques ? Il est hors de question de demander à un Mamoru Oshii (*Ghost in the Shell*) ou à un Masaaki Yuasa (*Mind Game*) de faire du Miyazaki ; cela n'aurait aucun sens, cela n'ouvrirait aucune porte.

L'œuvre de Hayao Miyazaki doit être célébrée pour sa singularité, et l'animation japonaise au sens large, si elle lui doit beaucoup, est aussi riche de multiples alternatives, qui n'ont peut-être pas la même portée mais qui enrichissent le spectre de cet art unique. Espérer un successeur à Miyazaki, c'est peut-être se voiler la face sur la spécificité de ses films. Embrassons l'idée qu'il n'aura pas de successeurs, au sens de remplaçants, mais des héritiers, au sens de la transmission.

Influences, partages, réappropriations

Tout comme Jeff Nichols n'est pas le nouveau Steven Spielberg, Steven Spielberg n'était pas le nouveau David Lean (*Lawrence d'Arabie*). Ce qui ne veut pas dire qu'il n'y a pas de liens stylistiques ou thématiques évidents entre ces artistes. De fait, plutôt que d'essayer de trouver des successeurs à un grand cinéaste, il est plus intéressant de mesurer l'ampleur de son influence esthétique dans la sphère culturelle du cinéma et de l'animation.

À ce titre, il est peut-être encore trop tôt pour se rendre compte, avec recul, de l'impact qu'aura laissé Miyazaki dans ces domaines, notamment en Occident où il n'aura connu le succès que tardivement. Citons cependant quelques exemples parlants. À commencer par le segment *L'Oiseau de Feu* de *Fantasia 2000* (sorti en… 1999) qui, sur la musique de Stravinsky, appose des images poétiques ouvertement influencées par l'art de Miyazaki, un fait confirmé par les animateurs de la séquence dans les bonus du DVD du film.

Citons de même les séries d'animation *Avatar, le dernier maître de l'air* et *La Légende de Korra*, des créateurs Michael Dante DiMartino et Bryan Konietzko. Elles se déroulent dans un univers fantaisiste qui existe sur deux plans, un monde physique et un monde spirituel. Celui-ci porte clairement les traces des œuvres de Miyazaki, notamment dans le design de certains esprits, et là encore les deux auteurs revendiquent cette influence.

Plus proche de nous, enfin, le cinéaste et cinéphage français Christophe Gans (*Le Pacte des Loups*, *Silent Hill*), passionné de pop culture au sens large et fin connaisseur des arts japonais, a rendu hommage au maître dans son film *La Belle et la Bête* sorti en 2014. L'aspect visuel des jardins du château, où la nature a repris ses droits sur les ruines et les géants de pierre pétrifiés, ne sont pas sans rappeler *Le Château dans le ciel* par exemple. À l'origine, comme il le spécifie dans le *making-of* du film, Christophe Gans souhaitait rendre un ultime hommage à *Princesse Mononoké* en faisant du dieu de la forêt un cerf géant. Il a cependant renoncé après avoir vu *Blanche-Neige et le Chasseur* de Rupert Sanders, qui dans sa scène centrale conduit l'héroïne au cœur d'une forêt onirique où elle rencontre un immense cerf blanc, séquence qui évoque bien sûr le film de Miyazaki[87].

L'œuvre globale du cinéaste japonais fait véritablement partie du paysage culturel. Elle le nourrit, comme elle nourrit les personnes qu'elle touche. Hayao Miyazaki n'a pas seulement transmis un savoir-faire, il a éveillé des passions et des vocations. Sans aucun doute, de nombreux cinéastes et artistes d'autres domaines continueront de lui rendre hommage ou de s'inscrire dans son sillage, voire puiseront dans ce qu'ils auront appris de cet artiste hors pair pour proposer des alternatives personnelles, pour repousser les limites de l'animation et atteindre la même universalité. Son nom, son œuvre, lui survivront. Surtout, et c'est à ce degré que se mesure la part la plus importante de l'héritage qu'il a laissé, par sa sensibilité, sa patte artistique et ses thématiques, il a enrichi l'imaginaire collectif.

87. Dans une interview accordée au site *Effets-speciaux.info*, le réalisateur Rupert Sanders (qui a réalisé par la suite l'adaptation « *live* » de *Ghost in the Shell*, au cas où l'on aurait des doutes sur sa filiation avec l'animation japonaise) a cependant nié s'être inspiré de *Mononoké* pour cette scène : « Ce cerf magique existe dans beaucoup de contes différents. Nous n'avons pas voulu plagier Miyazaki. Pour ne rien vous cacher, nous sommes partis du mythe écossais du "cœur blanc de la forêt" où des chasseurs à cheval, accompagnés de leurs meutes de chiens, traquent un cerf blanc aux pouvoirs magiques. Cet animal surnaturel fait partie du patrimoine mythologique britannique. »

CONCLUSION

Par son inventivité, sa maîtrise technique et son talent pour raconter des histoires, Hayao Miyazaki aura indiscutablement marqué non seulement le paysage de l'animation japonaise, mais également celui du cinéma mondial. Souvent adulé et parfois détesté par ses pairs, le maître a su créer des univers magiques, de la fable enfantine au conte violent, portant un regard à la fois naïf et cynique sur un monde et des sociétés aux changements profonds et aux perspectives inquiétantes.

Ardent défenseur de l'écologie, Miyazaki a offert à l'animation une approche créative et visuelle ainsi que des mouvements irréels aux sensations grisantes, fantasmés dans la recherche d'échappatoire en tant que liberté, toujours avec le respect des éléments naturels comme pierre angulaire. Son parcours fascinant l'a conduit à explorer et réinventer aussi bien des légendes japonaises séculaires que des nouvelles et romans occidentaux plus modernes, souvent aux antipodes de ses propres créations, accouchant ainsi d'œuvres particulièrement riches, à tiroirs selon l'âge des spectateurs, et dont les interprétations sont lourdes et multiples, bien au-delà de l'animation plus habituelle et manichéenne à laquelle de nombreux enfants sont pourtant biberonnés sans détour.

Derrière la façade publique se cache pourtant un homme parfois cruel et seul, agressif et terriblement dur avec son entourage personnel et professionnel, n'octroyant son respect qu'à une poignée d'élus à la chance rare. Nombreux sont les autres à avoir subi son courroux parfois injuste, quels que fussent leurs rangs respectifs.

Repoussé par les robots mais récemment tenté par l'animation par ordinateur, parrain partie prenante d'associations de replantage des forêts mais fumant comme un pompier et amateur de belle mécanique sur route ou dans les airs, Hayao Miyazaki est également un personnage dichotomique et secret aux nombreux paradoxes.

Loin de ces considérations, des générations entières de spectateurs se sont laissées happer par sa riche filmographie fantasmatique, ouvrant à une japanimation plus mature que la production de masse et participant sans doute involontairement du *soft power* japonais par-delà ses frontières, inspirant ici des carrières parmi certains des plus grands réalisateurs d'animation japonaise contemporains, fascinant là des hordes d'Occidentaux transis devant ses œuvres intemporelles. Nul doute que les vocations et les adorateurs n'ont pas fini d'éclore parmi ses découvreurs passés et futurs.

Alors que son exercice semble encore particulièrement actif pour celui qui ne posera vraisemblablement le crayon que lorsqu'il ne sera plus capable physiquement de le lever, Hayao Miyazaki a déjà laissé, au cours de plus d'un demi-siècle d'une carrière époustouflante, son empreinte indélébile sur des millions de lecteurs et spectateurs fascinés à travers le monde.

ANNEXES

FILMOGRAPHIE

Sources pour les synopsis des films : Blu-ray et DVD officiels de la collection Ghibli, Buena Vista.

MONTMAYEUR Yves, *Ghibli et le mystère Miyazaki – Le temple des mille rêves* (2004), coproduction ARTE France, Studio Ghibli.

BIBLIOGRAPHIE

MIYAZAKI Hayao, *Starting point* (1979 – 1996), Nibaraki/Viz Media, 2014.

MIYAZAKI Hayao, *Turning point* (1997 – 2008), Nibaraki/Viz Media, 2014.

SUZUKI Toshio, *Dans le Studio Ghibli - Travailler en s'amusant*, éditions Kana, 2011.

MIYAZAKI Hayao, *L'art de Mon voisin Totoro*, éditions Glénat, 2013.

MIYAZAKI Hayao, *Nausicaä* (manga nouvelle édition), éditions Glénat, 2009-2011.

LE ROUX Stéphane, *Hayao Miyazaki – Cinéaste en animation – Poésie de l'insolite*, éditions L'Harmattan, 2011.

PHILIPOT Joanna, *L'image de la femme japonaise dans le cinéma de Miyazaki*, mémoire de Master, université de Nice, Sophia-Antipolis, 2011.

GRANSARD Émilie, *Hayao Miyazaki – Un dessin de l'architecture – Spatialité et architecture dans l'œuvre de Miyazaki, entre Europe et Japon*, mémoire de Master, 2015.

Webographie

En français

http://www.buta-connection.net
http://www.oomu.org
http://www.studioghibli.fr
https://www.kanpai.fr

En anglais

http://www.nausicaa.net
http://ghiblicon.blogspot.fr
http://www.onlineghibli.com
http://www.ursulakleguin.com/GedoSenkiResponse.html :
Note d'Ursula K. Le Guin au sujet de l'adaptation des *Contes de Terremer* par Goro Miyazaki.

En japonais

http://www.ghibli.jp : Site officiel du studio.
http://www.ghibli-museum.jp : Site officiel du musée.
http://www.totoro.or.jp : Site officiel de la fondation Totoro no Furusato.
http://benelic.com/service/donguri.php : Site officiel de la chaîne de magasins Donguri Kyowakoku

REMERCIEMENTS DE L'AUTEUR

À Mehdi pour sa passion, sa proposition et sa confiance dans l'élaboration de ce livre.

À Damien pour sa patience et ses remarques pertinentes.

À l'ensemble du reste de l'équipe de Third pour permettre à cette belle aventure d'édition de se poursuivre.

À Atelier Sentô et Sylvain Sarrailh pour s'être associés à cet ouvrage à travers leurs talents d'illustrateurs.

À Hayao Miyazaki, pour l'ensemble de son œuvre et les émotions intenses qu'elle m'a fournies depuis si longtemps.

À Marjo et à mes proches pour leur soutien indéfectible dans l'ensemble de mes projets.

Disponible chez Third Éditions

⊛ Collection Sagas

Bienvenue à Silent Hill. Voyage au coeur de l'enfer
BioShock. De Rapture à Columbia
Castlevania. Le manuscrit maudit
Diablo. Genèse et rédemption d'un titan
Half-Life. Le FPS libéré
L'oeuvre de Fumito Ueda : une autre idée du jeu vidéo
L'oeuvre étrange de Taro Yoko. De Drakengard à NieR : Automata
Metal Gear Solid. Une oeuvre culte de Hideo Kojima
Resident Evil. Des zombies et des hommes
Zelda. Chronique d'une saga légendaire
Zelda. Chronique d'une saga légendaire. Volume 2 : Breath of the Wild
Uncharted. Journal d'un explorateur

⊛ Collection RPG

Dark Souls. Par-delà la mort – Volume 1
Dark Souls. Par-delà la mort – Volume 2
La Légende Dragon Quest
La Légende Final Fantasy I, II & III
La Légende Final Fantasy IV & V
La Légende Final Fantasy VI
La Légende Final Fantasy VII
La Légende Final Fantasy VIII
La Légende Final Fantasy IX
La Légende Final Fantasy X
La Légende Final Fantasy XII & Ivalice
La Légende Kingdom Hearts. Tome 1
La saga Fallout. Histoire d'une mutation
Les parchemins de Tamriel : Skyrim
Level Up. Niveau 1
Level Up. Niveau 2
Level Up. Niveau 3
Level Up. Niveau 4
Générations Pokémon. 20 ans d'évolutions
Persona. Derrière le masque – Volume 1
Persona. Derrière le masque – Volume 2
Mass Effect. À la conquête des étoiles

⊛ Collection Retrogaming

L'Année Jeu Vidéo : 1992
L'Année Jeu Vidéo : 1998
Ludothèque 1 : Eternal Darkness
Ludothèque 2 : Fear Effect
Ludothèque 3 : Digital Devil Saga
Ludothèque 4 : Beyond Good & Evil
Ludothèque 5 : Rez
Ludothèque 6 : Snatcher & Policenauts

⊛ Label Force – Pop Culture

Cowboy Bebop. Deep Space Blues
Dragon Ball. Le livre hommage
Dans les coulisses du Marvel Cinematic Universe

⊛ Collection Jeunesse

Le Professeur Polymathus dans une brève histoire du jeu vidéo

Dépôt légal : juillet 2018
Imprimé dans l'Union européenne par Meilleures impressions.